Maintenir un

ESPRIT SAIN

7 étapes pour vieillir en santé

Sandra A. Cusack, Ph.D.
Wendy J. A. Thompson, M.A.

Maintenir un
ESPRIT SAIN
7 étapes pour vieillir en santé

97-B, Montée des Bouleaux, Saint-Constant, PQ, Canada J5A 1A9,
Tél. : (450) 638-3338 Fax : (450) 638-4338 Internet : http://www.broquet.qc.ca
Email : info@broquet.qc.ca

Catalogage avant publication de Bibliothèque et Archives Canada

Cusack, Sandra, 1941-

Maintenir un esprit sain : 7 étapes pour vieillir en santé

(Guide de survie)
Traduction de: Mental fitness for life.

ISBN 2-89000-717-0

1. Cognition chez la personne âgée. 2. Réalisation de soi chez la personne âgée.
I. Thompson, Wendy J. A. II. Titre. III. Collection: Guide de survie (Saint-Constant, Québec).

BF724.85.C64C8814 2005   153'.084'6   C2005-941772-2

POUR L'AIDE À LA RÉALISATION DE SON PROGRAMME ÉDITORIAL, L'ÉDITEUR REMERCIE :

Le Gouvernement du Canada par l'entremise du Programme d'Aide au Développement de l'Industrie de l'Édition (PADIÉ) ; La Société de Développement des Entreprises Culturelles (SODEC) ; L'Association pour l'Exportation du Livre Canadien (AELC).
Le Gouvernement du Québec - Programme de crédit d'impôt pour l'édition de livres - Gestion SODEC.

Traduction : Désirée Szucsany
Révision : Denis Poulet, Marcel Broquet
Direction artistique : Brigit Levesque
Infographie : Sandra Martel

Titre original :
Mental Fitness for Life, 7 Steps to Healthy Aging
Copyright © 2005, 2003 by Sandra A. Cusack and Wendy J.A. Thompson.
First published in Canada by Key Porter Books Limited
Toronto, Canada, 2003.

Pour l'édition en langue française :
Copyright © Ottawa 2005
Broquet Inc.
Dépôt légal — Bibliothèque nationale du Québec
4ᵉ trimestre 2005

ISBN : 2-89000-717-0

Imprimé au Québec

Nous dédions ce livre aux résidants du Century House. Ils nous ont prouvé que l'âge signifie plus que le simple fait d'avoir cinquante, quatre-vingts ou cent ans. En vieillissant, il est possible :

d'avoir des buts

d'acquérir la force de penser

d'être créatif

de soigner sa santé avec une dose d'optimisme

d'améliorer sa mémoire et d'acquérir plus de savoir.

d'exprimer ses pensées et de changer le monde

de prendre des risques

de préserver sa santé mentale, physique, émotionnelle et spirituelle en cultivant un but et une passion.

Nous remercions Joy Barkwill, le directeur du Century House, d'avoir partagé nos rêves. Grâce à son leadership, sa présence et son amitié, il a créé le meilleur environnement possible pour la recherche et les programmes en santé mentale.

CONTENU

Avant-propos

Quel privilège d'écrire l'avant-propos de ce livre! Il souligne qu'il est essentiel de maintenir son cerveau actif et propose des moyens de le garder en forme au cours des vingt-cinq années suivant la retraite. Et je suis d'accord avec les auteures lorsqu'elles affirment que les nouvelles sur la longévité suscitent l'optimisme. Le simple fait d'avoir colligé l'information à ce sujet constitue un des plus grands exploits du XXᵉ siècle.

Depuis la conception jusqu'à la mort, la vie est une suite d'événements au cours desquels surviennent simultanément les différents stades du développement et du vieillissement. La santé de l'esprit mérite notre attention à n'importe quel âge et l'acquérir commande un effort soutenu de notre part. Il est nécessaire d'apprendre comment le cerveau réagit face à un environnement en perpétuel changement.

La principale question est de savoir comment garder l'esprit en santé pendant toute la vie. Dans cet excellent livre, vous trouverez des citations et des informations extrêmement utiles que Sandra Cusack et Wendy Thompson ont rassemblées et qu'elles nous proposent de lire avec un brin d'humour. Elles ont passé plusieurs années à étudier et à travailler dans un centre regroupant 2 100 aînés sur la côte du Pacifique, au Canada. J'appuie d'emblée leur proposition, comme la plupart des gens, de se rappeler à tout âge de la vie qu'il faut se fixer des objectifs et être optimiste. Elles citent des exemples de gens qui ont pu accomplir des tâches monumentales en adoptant cette attitude. À long terme, la seule limite, c'est vous-même. Être optimiste vous aidera certainement!

Conserver une bonne mémoire jusqu'à la fin de nos jours est un désir que nous éprouvons tous. Les auteures offrent une description claire des différents types de mémoire, accompagnée de plusieurs méthodes illustrées dont l'objectif est de préserver la mémoire. Il est essentiel de faire preuve de persévérance et de détermination. Des activités stimulantes et une bonne mémoire vont de pair.

Elles soulignent l'importance d'avoir des buts, dans la vie. On peut accomplir beaucoup plus si l'on se fixe des buts que ce soit sur le plan physique, émotionnel, mental et spirituel, quitte à les développer et à les modifier au besoin. Elles donnent des directives pour les atteindre : évaluer ses buts, identifier les obstacles, trouver les personnes-ressources et planifier un emploi du temps.

En vieillissant, pourquoi ne pas lutter et embellir notre vie intérieure, notre aspect extérieur et devenir plus énergique ? Vous trouverez la liste des gens qui y sont parvenus après avoir franchi le cap des 90 ans. C'est une source d'inspiration pour continuer à lutter et atteindre l'excellence dans nos domaines de prédilection. Le message de ce livre est que peu importe votre âge et ce que vous croyez en général, vous pouvez continuer à progresser, à garder la forme, et profiter de la vie plus que vous n'en avez jamais rêvé. Une bonne philosophie à adopter dès aujourd'hui !

Marian C. Diamond, Ph. D.

Berkeley, Californie

Préface

Faites-vous de l'exercice pour garder la forme ? Il est probable que oui. Peut-être vous entraînez-vous au gymnase deux ou trois fois par semaine. Vous avez probablement suivi le cours d'éducation physique 101 à l'école. Ou s'agissait-il du cours de santé et éducation physique ? Mais nous parions que vous n'avez pas suivi le cours d'éducation mentale ou de santé mentale 101. Il n'existait pas de tels cours. Aujourd'hui, il en existe un et vous êtes en train de le suivre. Peu d'entre nous font des exercices pour garder l'esprit svelte, mais c'est exactement ce que nous allons vous aider à faire.

Notre travail en recherche et en développement de la santé mentale chez les aînés s'inspire des chercheurs américains suivants : Marian Diamond, de l'université Berkeley en Californie, Arnold Scheibel, du Centre médical de l'université de Californie à Los Angeles, Ellen Langer, de Harvard, Paul Davis Nussbaum, de l'université de Pittsburgh, K. Warner Schaie, de l'université Duke, et David Snowdon, de l'université du Kentucky. Ils s'entendent tous sur le fait que l'apprentissage et l'éducation ont des effets positifs sur les adultes âgés. Nous savons maintenant que l'apprentissage a un sens différent selon les gens et qu'au sens large, il comprend tout mode d'apprentissage acquis au long de la vie. La santé mentale est aussi importante que la forme physique même si elle est moins visible et plus difficile à mesurer. En fait, la santé mentale est la clé d'un vieillissement sain et productif. Mais de quoi s'agit-il au juste et comment s'entraîne-t-on ?

De nos jours, les gens au mitan de la vie et leurs aînés voient généralement le vieil âge comme la période inévitable du déclin. Ils estiment que les vieilles personnes sont inutiles et qu'elles deviennent des fardeaux pour la société. Ces sombres réactions nous hantent alors qu'il y a mieux. Si vous demandez aux gens, peu importe leur âge, ce qu'ils craignent le plus en vieillissant, ils répondront probablement que c'est de « perdre la carte », convaincus que leur mémoire flanchera en premier. Quelle est la carte qu'ils craignent de perdre ? C'est précisément ce dont parle ce livre.

Qu'est-ce au juste que la santé mentale et comment la développer ? Il y a sept ans, nous avons soulevé ces questions au cours d'un projet innovateur de recherche qui s'est déroulé dans une communauté de la côte du Pacifique au Canada, au Century House, un centre abritant 2 100 aînés. Nous avons travaillé avec un groupe de recherche composé de 37 personnes âgées de 55 à 85 ans (l'âge moyen étant de 73 ans). Elles pratiquaient des activités diverses et leur niveau de scolarité variait entre les études secondaires et post-universitaires. Elles étaient à la retraite depuis peu ou plusieurs années et certaines venaient tout juste d'être mises à pied. Après 10 mois d'étude intense et de discussions en groupe, nous avons conclu que la vigueur mentale était essentielle pour vieillir en santé et que pour l'atteindre, il faut développer des talents. Comme la forme physique, elle permet d'être à son meilleur et s'obtient par la pratique régulière d'exercices et par un mode de vie sain. Le programme de mise en forme propose de se fixer des buts, de cultiver la force de la pensée, l'optimisme, la souplesse d'esprit, l'estime de soi, la confiance et le désir de prendre des risques.

Basé sur cette étude et sur cette définition, un cours de huit semaines a été élaboré et les premiers diplômés (âgés de 63 à 83 ans) ont complété un programme pilote en 1996. (En 1997, le Century House a reçu pour ce projet le Prix de la recherche décerné par le National Institute of Seniors Center, Washington, D.C.). Le but de ce programme était « *mens sana in corpore sano* » (« un esprit sain dans un corps sain »). Nos objectifs étaient d'exercer les facultés mentales et de changer les comportements. Les participants suivirent huit ateliers intensifs au cours desquels ils apprenaient que les attitudes et les croyances attribuées au déclin des capacités mentales restreignaient les choix permettant de conserver la vitalité au cours du vieil âge. Ils ont appris comment changer les croyances négatives par des idées qui reflètent vraiment leur potentiel de croissance et ont apprivoisé le langage des possibilités. Ils ont appris à penser de façon critique et créative, à envisager de nouvelles perspectives, à prendre des risques et à écouter les autres.

Tous ceux qui ont complété le programme pilote en ont ressenti les bienfaits et tous ont remarqué un net progrès au niveau de leur santé mentale ainsi que l'amélioration de leur mémoire. Plus important que l'acquisition de connaissances, les participants ont découvert d'autres perspectives et adopté une nouvelle attitude. Une des femmes disait ceci :

> *Je ressens une nouvelle énergie qui me permet de penser plus clairement. Je fais des choses que je ne pensais jamais pouvoir faire grâce à l'excitation que je ressens. Je lutte pour les obtenir. Avant, je n'y aurais même pas songé. Mes opinions me limitaient, semble-t-il.*

Un autre commentaire :

> *Je croyais que l'importance de nos opinions et de nos idées diminuait en vieillissant. Maintenant je sais que ce n'est tout simplement pas vrai.*

Chez ces gens, garder l'esprit svelte est devenu un mode de vie. Pour continuer à stimuler leur intellect, le groupe assiste à une conférence une fois par mois. L'expérience les a transformées. Certains ont plus de 80 ans (l'un d'entre eux a 95 ans) et ils sont plus vifs et plus actifs aujourd'hui qu'ils ne l'étaient il y a six ans. Chacun est unique mais ils ont tous un point en commun, c'est celui d'avoir l'esprit en santé pour la vie.

Les professionnels dans le domaine du vieillissement sont de plus en plus conscients des bienfaits qu'exercent l'éducation et l'apprentissage sur la santé en général et croient que leur impact est transformateur. Les gens impliqués dans l'enseignement au cours de toute leur vie semblent détenir le plus haut niveau de santé mentale. La recherche précise qu'il s'agit de ceux qui entreprennent quelque chose de tout à fait différent au cours du troisième âge (50 ans et plus), comme apprendre une langue étrangère ou à jouer d'un instrument de musique. Par exemple, dans les sociétés occidentales, on peut s'attendre à ce que les universitaires avaient un esprit des plus en santé. Toutefois, un professeur émérite qui continue à enseigner après avoir pris sa retraite peut ne pas en retirer toute la stimulation souhaitable. Il est peut-être temps, comme disait Monty Python, de passer à autre chose.

Dans ce livre, vous découvrirez l'état de votre santé mentale et ce que vous pouvez faire pour l'améliorer et la conserver jusqu'à la fin de votre vie. Nous avons sept ans d'expérience dans la recherche au cours desquelles nous avons élaboré un modèle. Il s'agit d'un programme de mise en forme qui dure huit semaines. C'est le point de départ d'un entraînement qui vous gardera l'esprit en forme pour la vie.

Les chapitres suivants présentent les sept étapes clés pour être en forme et se déroulent dans le même ordre que les séances de cours de huit semaines. Chaque étape commence par une période d'échauffement qui consiste à faire des jeux et à répondre à des devinettes pour dégourdir votre cerveau. Le jeu assouplit le cerveau et c'est un bon exercice mental. Vous pouvez les résoudre par vous-même mais l'exercice s'avère meilleur si vous le faites en compagnie d'un ami ou d'un petit groupe. C'est une idée formidable pour animer une fête et il existe plusieurs livres de jeux. Nous avons choisi les jeux les plus populaires et nous vous suggérons de les essayer avant d'acheter un livre de ce genre. Pendant que vous travaillerez à résoudre les problèmes, votre cerveau commencera à penser de façon différente. Il deviendra plus ouvert et plus souple. Vous serez étonné de constater les multiples façons dont travaille votre cerveau pour vous et combien vous êtes futé. En résolvant les devinettes de ce livre, essayez de penser hors des sentiers battus, ou de biais, mais pas de façon linéaire. Essayez de passer par-dessus les façons conventionnelles de penser, d'assouplir votre esprit et laissez courir votre imagination. Edward de Bono fut le premier à utiliser l'expression qui désigne la pensée latérale. C'est le processus de penser qui diffère du mode linéaire et logique que nous utilisons habituellement. Lorsque votre cerveau commence à penser de biais, latéralement, vous commencez à résoudre des problèmes de différentes façons qui ne s'appliquent pas seulement aux simples devinettes. Les résultats se feront sentir dans les autres domaines de votre vie.

Les sept clés de la mise en forme mentale sont présentées avec des références à la recherche et à l'expérience. Chaque fois que c'est possible, notre message est renforcé par les commentaires des participants qui ont suivi le programme de mise en forme et ponctué par des paroles de sagesse d'autres illustres autorités. Chaque chapitre propose un devoir à faire. Il s'agit d'activités pratiques que nous vous incitons à incorporer dans votre routine quotidienne. Personne ne nous a jamais dit que la vie est plus facile en vieillissant. Mais elle peut devenir beaucoup plus inté-ressante et amusante si nous voulons travailler à ce qui nous importe vraiment. Et y a-t-il quelque chose de plus important que vous ? Maintenant, si on vous demande si vous suivez un programme de mise en forme, vous pouvez répondre oui.

Remerciements

Nous tenons à remercier nos étudiants qui nous ont enseigné tout ce que nous savons de la santé mentale et confirmé nos hypothèses. Merci à nos distingués collègues américains donc les recherches fructueuses ont fourni les bases scientifiques à notre travail : Paul Nussbaum, David Snowdon, Ellen Langer, K. Warner Schaie, Martin Seligman et Gene Cohen.

Nous remercions nos collègues de l'université Simon Fraser pour les encouragements et les appuis qu'ils nous ont donnés : Gloria Gutman, Janice Baerg, Susan Jamieson-McLarnon, Yosef Wosk et Bruce Whittlesea.

Nous remercions également nos agents littéraires de la Seventh Avenue Literary Agency, Sally Harding et Robert Mackwood, et nos éditeurs de Key Porter, Clare McKeon et Meg Taylor.

Nous tenons particulièrement à remercier Marian Diamond et Arne Scheibel qui sont une source d'inspiration pour notre travail et nos modèles pour vieillir en santé.

Introduction à la santé mentale

La santé mentale est l'état d'esprit qui nous habite quand nous sommes ouverts à l'environnement, que nous jouissons de la présence des gens qui s'y trouvent et que nous croyons avoir la capacité d'être créatifs et imaginatifs. C'est utiliser nos aptitudes mentales au maximum, prendre des risques, s'interroger, questionner les autres, accepter leurs points de vue, et avoir la volonté d'apprendre, de grandir et de changer.

L'ÉQUIPE DE RECHERCHE EN SANTÉ MENTALE, NEW WESTMINSTER, C.-B.

*D*ans le monde entier, les populations vieillissent et ce phénomène est particulièrement remarquable dans le monde industrialisé. Le mouvement pour la santé mentale reconnaît la croissance d'un des segments de la société que constituent les gens âgés et considère qu'il s'agit d'une nouvelle source d'énergie attendant juste d'être harnachée.

Au début du XXIe siècle, nous pouvons espérer vivre 30 ans de plus que l'âge traditionnel de la retraite. Qu'allons-nous faire de tout ce temps ? C'est une vision peu rassurante, n'est-ce pas ? À l'autre extrême, l'obsession de paraître et de se sentir jeune est également dangereuse. Elle semble être la préoccupation de beaucoup de gens qui essaient d'arrêter le temps à 40 ou à 50 ans, croyant avoir atteint la limite de leurs forces mentales, émotionnelles et spirituelles.

Voici une bonne nouvelle. En tant que société, nous mûrissons une nouvelle vision du cours de la vie et du sens de vieillir, une vision qui célèbre la longévité et vise à libérer les forces inexploitées chez les gens plus âgés pour qu'ils aient une vie significative et pleine de vitalité. Les principales étapes de la vie ont été redéfinies : un « jeune adulte » a de 20 à 40 ans : un adulte d'âge moyen a de 40 à 60 ans et, en général, un adulte âgé a de 60 à 80 ans. Pour être un « vieux » ou un « aîné », il faut être âgé d'au moins 80 ans. Il y a d'autres bonnes nouvelles. Pendant des décennies, la recherche traditionnelle sur le vieillissement reposait sur l'idée du déclin inévitable des facultés mentales et physiques. Des recherches plus récentes suggèrent que l'esprit continue à grandir et à se développer s'il est stimulé ou s'il a des défis à relever.

Vous êtes sur le point d'entreprendre un des projets les plus importants et les plus fascinants de votre vie. Vous allez devenir plus heureux et plus en santé que vous ne l'avez jamais été auparavant, la sorte de personne avec qui vous aimeriez passer le reste de vos jours. Vous n'avez probablement jamais cru que vous alliez devenir un grand penseur à 70, 80 ou 100 ans, ayant la capacité de jouir pleinement de la vie. Dans le langage de la santé mentale, voici les traits d'une personne de ce genre.

1. a confiance en ses capacités mentales
2. établit ses buts et les atteint
3. est prête à prendre des risques
4. a une attitude optimiste et envisage la vie d'un bon œil
5. a de l'imagination et exprime sa créativité
6. a l'esprit souple et attentif aux autres points de vue
7. a de la curiosité et éprouve du plaisir à apprendre
8. a une mémoire solide
9. parle avec clarté et conviction
10. a confiance en ses capacités mentales

N'est-ce pas le genre de personne avec qui vous aimeriez passer du temps ? Mettons-nous au travail. Nous avons beaucoup de terrain à parcourir.

Imaginez un ordinateur qui a été conçu pour satisfaire tous vos désirs et répondre à vos ordres, un appareil complexe et plus puissant que tout ce qu'aurait pu imaginer un auteur de science-fiction. Il sert à ranger et à retrouver la moindre information recueillie au cours de votre vie. Il se souvient de ce que vous avez lu, des conversations que vous avez eues avec les membres de votre famille, avec vos amis et vos collègues. Il contient même tout ce que vous avez écrit et pensé. Il pèse seulement un kilo et demi et vous devez le transporter où que vous alliez. Ne seriez-vous pas prudent avec un tel appareil ? Vous le traiteriez avec douceur et le protégeriez, n'est-ce pas ?

Vous avez reçu l'une des plus extraordinaires créations de l'univers : le cerveau humain. C'est le foyer de votre esprit et de votre personnalité. Il abrite vos souvenirs, vos espoirs et vos rêves. À l'instar d'un orchestre symphonique dont le succès dépend de la performance de chaque musicien pour produire une œuvre superbe, votre cerveau s'abreuve à toutes les sources de votre esprit : la performance s'améliore et quand tous s'accordent, la musique jaillit avec fougue, déclenchant une passion plus forte que vous ne pouviez l'imaginer.

Planifiez votre cours et mesurez vos progrès

La mise en forme de l'esprit consiste à garder le cerveau en bonne condition. D'abord, vous aurez besoin d'informations pour noter vos progrès en cours de route. Il s'agit d'être honnête avec vous-même. En fait, il est essentiel d'avoir une vision réaliste de vos forces et de vos faiblesses. Remplissez le questionnaire et faites le point sur votre santé avant d'aller plus loin. Lorsque vous aurez lu tout le livre et fait les activités suggérées, relisez les questions afin de mesurer vos progrès et vous constaterez tout ce que vous avez accompli.

Dans quel état se trouve votre santé mentale ?

Évaluez l'état de votre santé mentale. Utilisez une échelle de 1 à 10 (10 étant la note la plus élevée).

_____ 1. Confiance en vos facultés
_____ 2. Capacité d'établir et d'atteindre vos buts
_____ 3. Volonté de prendre des risques
_____ 4. Optimisme
_____ 5. Créativité
_____ 6. Souplesse d'esprit
_____ 7. Ouverture d'esprit
_____ 8. Mémoire
_____ 9. Capacité de vous exprimer clairement
_____ 10. Niveau de santé mentale

Auto-évaluation

Additionnez vos notes et évaluez vos résultats selon l'échelle suivante :

40-54	assez bien
55-69	bien
70-84	très bien
85-100	excellent

Si votre résultat se situe entre 40 et 54, vous serez ravi de découvrir le progrès que vous aurez fait une fois que vous aurez complété le programme. Entre 55 et 69, préparez-vous à travailler plus fort et surveillez vos progrès. De 70 à 84, vous êtes sur le point de jouir d'une vie pleine et satisfaisante, mais ne vous assoyez pas sur vos lauriers. Un résultat de 85 et plus révèle que vous êtes déjà une source d'inspiration pour les autres. Nous vous suggérons de viser le 100. C'est comme de l'argent en banque, il vaut toujours mieux avoir une réserve pour vous et en mettre de côté pour les autres.

Tout le monde croit que lorsque nous vieillissons, nous devenons plus lents, plus raides, plus frêles et plus faibles physiquement et mentalement. C'est la vie qui veut ça. Vraiment ? C'est le gros bon sens. C'est l'ordre naturel. Tout le monde croit que c'est vrai. Personne ne peut revenir au temps où il grimpait dans les arbres, sautait par-dessus les clôtures et courait le 100 mètres. Si nous n'avions jamais cessé ces activités, peut-être en serions-nous encore capables. Qui sait ? Certes, il y a des gens de 90 ans qui pratiquent l'escalade. Peut-être qu'ils sont rompus à ce sport ou qu'ils en sont à leurs débuts. Chiang Hai Ding, un professeur de Singapour à la retraite, a déjà gravi l'Everest. Il se prépare à y retourner avec son fils aveugle.

Malgré les courbatures, les douleurs et les peines que vous ressentez (et la plupart ne sont pas seulement attribuables à l'âge), il n'est jamais trop tard pour bouger. Nous avons tous besoin de continuer à gravir des montagnes, physiquement et mentalement. Lorsque nous relevons un défi, l'énergie dont nous avons besoin se manifeste. Et nous contemplons d'un œil neuf et d'un regard frais nos vies en perspective et nous voyons ce qui peut être accompli en nous impliquant et en travaillant dur. Vous vous sentirez transporté au sommet des montagnes. Pensez-y : si vous ne montez pas, vous descendez.

La magie dans tout ça, c'est que nous ne voulons pas vraiment sauter par-dessus les clôtures mais que nous souhaitons tous avoir assez d'énergie pour effectuer les activités physiques que nous aimons. Et nous ne tenons pas vraiment à mémoriser des tas de faits : nous voulons susciter l'intérêt des gens qui nous entourent. Il est formidable de vieillir au XXIe siècle car nous pouvons toujours continuer à apprendre et à grandir. De nouvelles études sur le cerveau vieillissant affirment qu'il vaut mieux cesser d'invoquer le vieillissement comme un prétexte et de continuer à vivre.

Personne n'affirmerait être en forme après une seule séance d'entraînement physique. Cela fait aussi en sorte que, pour être la personne que vous avez toujours voulu être, vous avez besoin d'exercer votre esprit et d'un programme qui a fait ses preuves et garantit de réveiller votre énergie.

Peu importe que l'on ait 33 ou 103 ans, nous avons tous besoin de garder notre esprit sain en le stimulant de diverses façons. Au cours des pages suivantes, vous lirez les informations les plus récentes et les stratégies à employer chaque jour ou

> Nous ne sommes pas limités par l'âge ; l'âge nous libère.
> STU MITTLEMAN

une fois par semaine pour une performance accrue et digne d'un esprit en santé. Comme tout programme qui se veut efficace, il faut fournir des efforts pour garder la forme mais les récompenses sont innombrables. On a déjà cru que les capacités mentales déclinaient avec l'âge. Or, nous savons que ce n'est plus vrai. Nous pouvons donc améliorer notre fonction mentale et notre mémoire jusqu'à la fin de notre vie. On a vu que c'est déjà arrivé. Nous l'avons expérimenté nous-mêmes. Et vous le ferez, vous aussi.

Qu'est-ce que la santé mentale? Comment y parvenir? Quel effet l'âge a-t-il sur la fonction mentale? Comment la préserver? Et comment savoir si l'on est en forme? En d'autres termes, comment l'évaluer? Qu'est-ce qui rend la vie extraordinaire? Qu'est-ce qu'il y a de positif à vieillir? Et quelles sont les étapes à franchir pour garder toutes nos facultés? Ce sont des questions que tout le monde se pose. Les réponses vous aideront à établir les bases pour vieillir heureux et en santé.

De nouveaux projets, de nouveaux espoirs et des rêves insufflent un but dans la vie. Ils nourrissent aussi la passion trop souvent absente. Voici l'occasion de vous fixer des buts et de les atteindre. Vous avez déjà réussi à réaliser plusieurs objectifs au cours de votre existence. Ce qui importe en vieillissant, c'est que vous deveniez tout ce que vous pouvez être, de vous développer, d'utiliser vos talents et de vivre des jours remplis.

> L'esprit est un peu comme un **jardin**. S'il n'est pas nourri et cultivé, les **mauvaises herbes** prennent le dessus.
> ERVING G. HALL

Lorsque vous y réfléchissez, notre façon de penser est la seule chose que nous puissions contrôler et la seule que nous devons toujours contrôler. C'est pourquoi il importe de faire travailler votre esprit pour vieillir en santé. De plus, vous pouvez calculer les efforts que vous fournirez en suivant votre programme de mise en forme. Personne ne va le faire pour vous et il n'existe pas de mise en forme instantanée ni de pilule pour parvenir à la forme physique ou mentale.

Ce livre est consacré aux adultes de 40 ans et plus. Si vous avez 33 ans, vous aurez la chance d'atteindre l'âge de 90 ou 100 ans. Et vous y parviendrez en santé et heureux d'avoir l'esprit en forme, (garanti, ou argent remis) lorsque vous aurez lu ce livre et que vous aurez fait vos devoirs.

Nous vous présenterons de nouvelles études sur le vieillissement. Nous avons consulté des experts et vous connaîtrez leur avis au sujet des mythes entourant la vieillesse. Ils ont publié en Amérique du Nord et sont réputés pour avoir ébranlé ces mythes. L'esprit n'a pas de frontières. Vous pouvez devenir plus vigoureux en cultivant les côtés positifs de votre vie.

David Snowdon est professeur en médecine préventive au Centre Sanders-Brown, à l'université du Kentucky. Pendant plus d'une décennie, il a étudié les nonnes de Mankato, au Minnesota. Elles en savent long sur la façon de vieillir avec grâce et nous montrent comment une vie consacrée à la vocation de l'enseignement garde le cerveau actif au cours du vieil âge. Les religieuses de Mankato mènent une vie stimulante intellectuellement : nous commençons à peine à apprendre comment l'exercice mental stimule l'esprit, et incite les cellules du cerveau, les neurones, à se ramifier. On a remarqué aussi que les maladies débilitantes du cerveau, comme la démence et la maladie d'Alzheimer, ne se manifestaient pas de façon aussi grave ou précoce chez ces femmes que dans la population en général. David Snowdon écrit à ce sujet :

> Vieillir est une question de **feu** et de **renaissance**. Il suffit de brûler de passion pour **renaître**.
> PAUL TAGANYAKI

> Quand vous devenez vieux, la plupart des gens disent que **vous devez** laisser tomber. Je dis que vous devenez vieux **parce que** vous laissez tomber.
> THEODORE GREENE, SÉNATEUR DU RHODE ISLAND, JUSQU'À L'ÂGE DE **94** ANS.

Les sœurs de Notre-Dame m'ont démontré que le vieil âge n'est pas quelque chose que l'on doit craindre ou repousser. Il s'agit d'un temps de promesses, l'occasion de se renouveler, de voir la vie d'un autre œil, d'accepter les leçons de la vie et, autant que possible, de transmettre notre savoir aux générations suivantes. Plusieurs d'entre elles jouissent d'une santé mentale robuste après un siècle de vie, et elles m'ont appris une chose : à garder espoir en l'avenir.

Vous songez sérieusement à vous mettre en forme et dès que vous passez à l'action, vous libérez une grande force intérieure. Plusieurs gens vivent très au-dessous de leur potentiel et sont inconscients de la force d'un esprit sain et svelte. Nous nous accrochons à des croyances qui nous empêchent de vivre la vie dont nous rêvons. Dans ce livre, vous apprendrez à reconnaître les limites de ces croyances et comment éliminer celles-ci. En vieillissant, nous pouvons garder notre cerveau en santé en le nourrissant régulièrement. L'esprit est comme un jardin, il peut se cultiver et donner des fruits. Et un esprit sain se débarrasse des mauvaises herbes et cultive les fruits.

Mais avant de commencer, faisons une brève revue des recherches et démontrons pourquoi certaines sont désuètes.

Vieillir et les capacités mentales : la recherche en résumé

Durant les années 1960 et 70, la question la plus souvent soulevée dans les études était de savoir si les adultes âgés étaient capables d'atteindre le même niveau que les jeunes. L'approche traditionnelle de la recherche sur la mémoire présumait que cette faculté déclinait avec l'âge et les chercheurs se bornaient en général à étudier les tâches liées à l'apprentissage et à la mémoire. Ces études révélaient que les adultes plus âgés avaient un taux de réussite moins élevé que les jeunes au cours de tâches effectuées dans diverses situations.

> Le cerveau a des **muscles** pour **penser** comme les jambes ont des muscles pour **marcher**.
>
> J.O. DE LA METTRIE, AUTEUR DE *L'HOMME-MACHINE*, 1748

Nous savons maintenant que cette recherche était incomplète. D'autres découvertes tiennent compte de deux caractéristiques qui jouaient contre les « plus vieux » : (1) la vitesse et (2) l'importance de la tâche. En d'autres mots, si vous allouez du temps aux personnes plus âgées et leur confiez des tâches qui les intéressent, elles les accompliront aussi bien que n'importe qui. Ce qui est important, c'est la valeur que vous accordez à cette information. Par exemple, si vous êtes souple d'esprit et optimiste, vous interpréterez cette information de la façon suivante : les jeunes absorbent rapidement les informations insignifiantes, alors que les aînés sont plus sélectifs et conservent leur énergie pour des sujets plus importants. Souvenez-vous, tout dépend de la façon dont vous tournez la chose. Par ailleurs, n'aimerions-nous pas, jeunes et vieux, ralentir un peu ? Suivons l'exemple des gens âgés, ainsi nous pourrons tous faire notre part. Auparavant, les études sur les capacités mentales et le vieillissement renforçaient la notion que votre mémoire défaillait et que vous descendiez la pente dès l'âge de 50 ans. Ce n'est plus le cas maintenant.

Durant la dernière décennie, une vision plus optimiste a émergé : le vieillissement ne veut pas dire un déclin inévitable. Des preuves s'accumulent, démontrant que le cerveau travaille comme un muscle et que plus vous vous en servez, plus il grandit. Pendant des siècles, les scientifiques croyaient que la croissance du cerveau était plus ou moins stabilisée à l'adolescence et qu'il n'avait pas beaucoup de souplesse à développer durant la vie adulte. Nous avons maintenant découvert que le cerveau humain a la capacité de changer et de bien s'adapter au vieil âge.

Durant les années 60, la Dr Marian Diamond, professeure d'anatomie au département de biologie de l'université de Californie à Berkeley, entreprit des recherches à ce sujet. D'après son étude sur des rats, elle a conclu que la stimulation intellectuelle prolonge la vie. Alors que les capacités physiques diminuent, l'esprit, lui, ne diminue pas s'il est stimulé (voir l'étude de David Snowdon sur les nonnes de Mankato). La recherche sur le cerveau soutient que la croissance psychique peut se développer jusqu'à la fin de la vie.

La célèbre féministe américaine Betty Friedan citait deux facteurs qui prédisposent à une vie plus longue : ne pas fumer et embrasser une cause sociale aux problèmes complexes. Friedan découvrit que ceux qui mènent une activité sociale (et ont des liens avec d'autres gens que les membres de leur famille) vivent plus longtemps et jouissent d'une meilleure qualité de vie. Développer l'esprit peut ralentir ou même faire régresser les changements physiques associés à l'âge. Développer l'esprit est la clé pour vieillir avec vitalité.

La force mentale et vieillir en santé

Quel est le lien entre un esprit actif et vieillir en santé? Dans la littérature d'aujourd'hui, Allen D. Bragdon emploie l'expression «forme mentale» et Marge Engleman parle d'«aérobie mentale». La Société américaine sur le vieillissement a mis sur pied le programme «Mindalert», et organise une compétition annuelle et une remise de prix. Il y a dix ans, alors que nous commencions à explorer le sujet et à définir la forme, ou la santé mentale, nous avons trouvé un grand nombre de chercheurs qui avaient des révélations importantes à faire au sujet du lien entre avoir un esprit actif et vieillir en santé. Ils fournissaient des éléments de base pour un programme de mise en forme mentale. Nous avons été guidées par leurs recherches, et en revanche, notre travail aide à confirmer les découvertes effectuées au cours des années 90.

Une chercheure américaine, Irene Burnside, explora la signification que les femmes âgées accordent à la santé, à la forme et au bien-être. Elle a établi quatre catégories distinctes: physique, intellectuelle, sociale et «bonne». La «bonne» forme, écrit-elle, est le fait d'avoir une saine estime de soi et d'exercer le contrôle sur sa vie. Par ailleurs, l'attitude des femmes âgées semble démontrer qu'elles attribuent moins d'importance à la santé physique qu'à la survie et aux problèmes de santé en tant que tels. L'attitude et l'estime de soi sont des éléments cruciaux pour vieillir en santé. Développer la capacité de s'adapter au changement et à la perte mène peut-être à l'attitude qui est à l'origine du sentiment d'optimisme et que procure le fait d'exercer le contrôle sur sa propre vie.

David Featherman et ses collègues de l'Institut de recherches sociales à l'université du Michigan définit le succès de vieillir comme étant celui de relever les défis à sa hauteur et d'être capable d'aller plus loin en faisant un plan. Développer l'esprit mène à une meilleure santé à condition de développer sa débrouillardise, d'être optimiste et de tracer des plans pour l'avenir (définir ses buts). Les recherches de Featherman fournissent plus de preuves que les actions de se fixer un but, de cultiver une raison de vivre et d'adopter une attitude optimisme font partie de la santé dans son ensemble.

Burnside et Featherman soutiennent qu'être mentalement svelte est associé à une meilleure santé. Toutefois, nous n'avons pas trouvé de preuve irréfutable dans la littérature qu'il existe un lien entre la disposition mentale, ou le fait d'avoir un objectif dans la vie, et la santé en général. En Arizona, Morris A. Okun et ses collègues ont épluché toute la littérature publiée avant le milieu des années 1980 portant sur l'apprentissage et la santé. Okun explique que le nombre de programmes en éducation pour les adultes âgés s'accroît, mais qu'il n'y a toujours pas de preuve expérimentale démontrant l'effet de l'éducation sur les mesures standard de santé. Nous savons que les adultes âgés inscrits à de tels programmes ressentaient plus de bien-être. En effet, plusieurs programmes en éducation pour les adultes du troisième âge existent pour rehausser leur bien-être. Cependant nous n'avons pas trouvé de preuve tangible permettant de croire à un effet de ce genre. Nous avons alors décidé de trouver des preuves en nous inspirant de Deepak Chopra et de la chercheure de Harvard Ellen Langer.

Il est maintenant largement admis que l'esprit, le corps et la pensée sont intimement liés. Deepak Chopra est un médecin qui intègre la médecine occidentale et le mysticisme oriental à sa pratique. Il a beaucoup écrit sur le lien entre l'esprit et le corps, fournissant de nouveaux indices sur la façon dont la pensée exerce sa force sur le corps. Il affirme que dans les sociétés occidentales, nous commençons tout juste à vivre vieux et que nous pouvons ralentir les effets de l'âge grâce à cette force.

> *Personne n'a fixé de limites aux modèles que nous pouvons inventer, changer, mélanger, étirer et habiter. La vie est un champ de possibilités illimitées. Telle est la gloire de la totale souplesse du système nerveux humain... La sagesse scientifique soutient que vieillir est un domaine complexe et mal défini. L'étude du vieil âge est devenue une spécialité au cours des années 50. La plus grande percée dans ce champ fut de noter le fait que les gens en santé n'ont pas besoin de se détériorer dès qu'ils deviennent vieux, un fait établi depuis des siècles sans avoir eu recours à une banque de données. Officiellement, la gérontologie ne reconnaît aucun moyen de renverser ou de retarder le processus de vieillissement, une position assez austère si l'on considère que le vieillissement n'a pas encore été défini adéquatement. Le rishi (sage oriental) répliquerait en disant que la science a été incapable d'atteindre le niveau de conscience où le vieillissement peut être vaincu.*

Chopra cite des preuves, appuyées par la recherche, selon lesquelles les aspects physiques de l'âge peuvent être modifiés par la force de la pensée.

> *Le grand sage Shankara, un phare de la philosophie indienne, écrivait : « Les gens vieillissent et meurent parce qu'ils voient d'autres gens vieillir et mourir. » L'idée de Shankara est peut-être vraie même si elle semble étrange. Peut-être que nous devenons vieux parce que nous voyons les autres devenir vieux.*

Nous avons découvert l'étude que la docteure Ellen Langer et ses collègues de l'université Harvard ont menée vers la fin des années 1970, bien avant qu'on ne commence à parler de « forme mentale ». Langer et son équipe cherchaient à déterminer si le processus de vieillir était irréversible comme on le croyait à cette époque. L'équipe de Langer soupçonnait que le vieillissement était peut-être en soi une pensée et que donc l'esprit pouvait la renverser.

Afin d'analyser cette possibilité, ils firent passer une annonce dans un quotidien de Boston sollicitant des hommes de 75 ans et plus qui seraient prêts à passer une semaine de vacances, toutes dépenses payées. Un groupe de volontaires fut formé, placé dans une camionnette et transporté dans un lieu de retraite luxueux entouré de 10 acres de forêt au fond de la campagne anglaise.

À leur arrivée dans ce lieu isolé, les hommes découvrirent un décor reconstituant la vie quotidienne telle qu'elle existait 20 ans auparavant. Au lieu de magazines datant de 1979, ils trouvèrent sur les tables des exemplaires de la revue Life *et du* Saturday Evening Post *parus en 1959. La radio diffusait de la musique en vogue au cours de cette année-là et les discussions en groupe s'orientaient sur la politique et les célébrités de l'époque. Ils écoutèrent la bande portant l'enregistrement d'un discours du président Eisenhower, puis le film* Autopsie d'un meurtre, *qui avait remporté le prix de l'Académie en 1959. Entre-temps, nous cherchions à savoir comment chacun se sentait, de quoi il avait l'air, comment il parlait et se comportait vingt ans plus tôt.*

Dans le premier groupe, les hommes devaient exclusivement parler au temps présent comme si la journée se déroulait en 1959. Quand ils parlaient de la famille, des amis et du travail, ils ne pouvaient pas faire allusion aux événements d'une autre année. Leurs enfants étaient encore à la maison ou fréquentaient le collège : leur carrière était en plein essor. Chaque homme avait apporté une photo de lui prise vingt ans plus tôt : il s'en servait pour se présenter aux autres membres du groupe.

Durant cette semaine de faux-semblant, un groupe témoin formé d'hommes de 75 ans et plus parlait également des événements de 1959, mais les participants utilisaient le temps passé au lieu du temps présent. Ils pouvaient parler de ce que réservait l'avenir à Castro, Mickey Mantle, Eisenhower et Marilyn Monroe. La radio diffusait la musique qui jouait en 1979, les magazines contenaient des nouvelles récentes et les films présentés étaient encore à l'affiche.

Avant, pendant et après le séjour, Langer releva les signes de vieillissement chez chaque homme. Pour les membres du groupe de 1959, et à un degré remarquable, les mesures allèrent à l'encontre du temps qui s'était écoulé durant la période d'une semaine. Les hommes montraient des signes d'amélioration de la mémoire et de la dextérité manuelle. Ils étaient plus actifs et auto-suffisants (par exemple, au lieu d'attendre de l'aide, ils se servaient eux-mêmes la nourriture et débarrassaient la table).

> *On peut s'attendre à de tels changements chez toute personne âgée qui est en vacances. Toutefois, des traits considérés comme signes irréversibles de vieillissement commencèrent à régresser. Des juges indépendants examinèrent les photos des hommes prises avant et après leur séjour et estimèrent qu'ils avaient l'air d'avoir rajeuni de trois ans. La mesure de la main montra que leurs doigts avaient allongé et que les jointures avaient plus de souplesse. Les hommes de ce groupe avaient le dos plus droit quand ils étaient assis, avaient une poigne plus ferme et on nota même qu'ils voyaient et entendaient mieux. Le groupe témoin montra des changements similaires mais à un niveau moins élevé et, dans les cas de la dextérité manuelle et de la longueur des doigts, les mesures révélèrent qu'elles avaient décliné au cours de la semaine.*

Dans son livre intrigant *Mindfulness*, Langer attribue ce recul des signes au fait que les hommes ont eu plus de contrôle sur leur vie qu'ils n'en avaient chez eux. Ils avaient été traités comme toute personne dans la mi-cinquantaine qui transporte sa valise elle-même ou choisit son repas à l'heure du souper. Leurs opinions étaient valorisées au cours des discussions en groupe et on laissait entendre qu'ils étaient mentalement vigoureux, ce qui n'était probablement pas évoqué à leur sujet dans leur vie quotidienne. De cette façon, ils passaient d'une existence en « veilleuse » à celle de veille ou de « vigilance », le terme qu'emploie Langer pour désigner une façon de vivre en restant

> Vous pouvez **gravir** une **montagne** si vous pensez à la **descente**.

alerte, ouvert aux nouvelles idées et en conservant sa vigueur mentale. L'expression de Langer est similaire à la vivacité d'esprit. La santé mentale va au-delà de la vigueur, de la souplesse et de la vivacité, et comprend une série de talents et d'aptitudes, ainsi que, ce qui est le plus important, une attitude optimiste.

La force cérébrale

Faire travailler le cerveau peut non seulement maintenir le niveau de ses facultés mais améliorer aussi leur fonctionnement à mesure que nous vieillissons. De nouvelles recherches révèlent que si nous ne voulons pas avoir l'impression de ne plus être aussi vifs d'esprit ou en forme que nous l'étions, nous n'avons qu'à exercer nos facultés, adopter une attitude optimiste et faire preuve de plus de souplesse dans la vie.

Le Dr K. Warner Schaie, de l'université Duke, est au premier rang de la recherche dans le domaine. Deux-cent-vingt-neuf hommes et femmes (âgés de 65 ans et plus) ont suivi un cours intensif, d'une durée de cinq heures, portant sur les facultés qu'ils croyaient avoir perdues. Les deux facultés en question étaient l'orientation spatiale (qui est reliée à la lecture de cartes et à la capacité de retrouver son chemin à l'extérieur) et le raisonnement inductif (l'analyse et la logique). « On leur donne un cours intensif et quand on les revoit sept ans plus tard, leurs facultés sont encore fines... Être piloté n'est pas nécessaire... Tout exercice mental que vous effectuez par vous-même renforce le cerveau, et plus vous le faites, mieux cela vaut. »

Arnold Scheibel, de l'école de médecine de l'université de Californie à Los Angeles, est du même avis. « La recherche scientifique sur le cerveau a clairement démontré que le cerveau maintient son niveau de plasticité jusqu'à la toute fin de la vie et, ce qui est encore plus important, c'est que chacun d'entre nous a la possibilité de « pétrir » son cerveau. Alors que peu de gens considèrent la vieillesse comme la suite de l'apprentissage, la science tend à démontrer que plus le cerveau est stimulé, plus nous

La capacité de la **mémoire** d'un être humain ordinaire est **fabuleuse**. On peut avoir l'impression de ne pas être très doué quand il s'agit de se souvenir de **données techniques...** Mais combien de visages pouvons-nous reconnaître, combien de noms pouvons-nous évoquer en parlant d'un incident du passé, combien de mots pouvons-nous épeler et définir ? Au cours d'une **vie**, on estime qu'un cerveau peut **emmagasiner** 1 000 000 000 000 000 (un million de milliards) de morceaux d'information.

ISAAC ASIMOV

sommes capables d'affronter les véritables défis sur les plans mental et émotionnel au cours des années suivantes.

Le message est clair. Vous pouvez garder votre cerveau en forme en le nourrissant et en travaillant dur. Beaucoup de gens subissent des pertes de mémoire et éprouvent un manque de concentration, présumant que c'est un signe de vieillesse. La recherche indique que le cerveau peut demeurer actif. Nous naissons avec un certain nombre de cellules cérébrales. Lorsque les cellules s'usent, elles se ramifient comme les branches d'un arbre. Plus il y a de branches, ou dendrites, plus vous avez de force cérébrale. Tout comme les arbres ont besoin d'eau et de soleil, les dendrites ont besoin de stimulation. Les gens vieillissent bien, pensent mieux et ne se sentent pas vieux s'ils gardent leur esprit occupé. Les gens qui bénéficient de stimulation intellectuelle et qui pensent de façon créative font mieux qu'avant en prenant de l'âge. Ceux qui ont un travail banal doivent chercher la stimulation ailleurs. Il faut le voir comme un investissement pour la retraite. En plus de leur planification financière, les futurs retraités feraient bien de prévoir un programme de mise en forme où ils exerceront leurs facultés mentales, un tremplin qui les propulsera vers leur propre « puits de sagesse ».

La recherche actuelle révèle que la croissance et le développement de la pensée peuvent se poursuivre jusqu'à la fin de la vie. Malheureusement, on considère qu'il est normal que les facultés mentales déclinent avec l'âge. On se contente de sombres prévisions à saveur de prophétie. Pourquoi devrions-nous accepter ça ?

Allons-y. Voici votre premier exercice. C'est amusant et les réponses vous étonneront. Allez-y, tentez votre chance. Les réponses se trouvent dans la rubrique des questions et réponses, à la page 231 (ne trichez pas !).

Colles pour stimuler le cerveau

1. Combien de temps a duré la guerre de Cent Ans ?
2. Quel pays fabrique les chapeaux de Panama ?
3. De quel animal vient le chamois ?
4. Durant quel mois les Russes célèbrent-ils la révolution d'Octobre ?
5. De quoi est fait un pinceau en poils de chameau ?
6. Quel animal a donné son nom aux Îles Canaries ?
7. Quel est le prénom du roi Georges VI ?
8. De quelle couleur est le rouge-gorge ?
9. D'où proviennent les cerises de Chine ?
10. Combien de temps a duré la guerre de Trente Ans ?

Au cours des chapitres suivants, vous commencerez à suivre votre programme de mise en forme. Se fixer un but donnera un sens précis à votre vie. La force de penser vous enseignera de nouveaux et puissants moyens de penser. La créativité est illimitée et le résultat dépend de jusqu'à quel point vous désirez sortir des sentiers battus. Une attitude optimiste changera votre vie pour toujours, vous donnera la force émotive dont vous avez besoin pour tirer le maximum d'une santé mentale et physique. La mémoire peut s'accroître en continuant d'apprendre durant toute la vie. Dire ce que vous pensez vous donnera la voix que vous avez toujours voulu avoir pour vous exprimer et vivre vos rêves.

Les bienfaits d'avoir l'esprit en forme pour la vie

Ce programme sera efficace à condition que vous fassiez le travail. Voici les commentaires des participants :

- « Je croyais que l'âge d'or était une chimère. J'ai suivi le programme et je crois maintenant que l'âge d'or est ce que vous voulez créer pour vous-même. »

- « Le programme provoque les idées. Il est stimulant et amusant. Plus que jamais auparavant, j'explore mes idées. »

- « Cela m'a permis de relever des défis dans tous les domaines. De plus, cela m'a donné un avenir et j'y crois. »

- « Il est étonnant de découvrir tout ce que le cerveau est capable d'apprendre et de retenir. Je fais un exercice par jour et j'ai l'impression d'entendre les dendrites. »

- « J'ai découvert que mon cerveau était endormi, pas éteint. »

- « Résoudre des énigmes n'est pas seulement une nouvelle façon de me distraire. J'ai repris confiance en mes forces mentales, plus que jamais auparavant. »

Un bref aperçu des 7 étapes

Étape 1 : **Déterminer un but**

Au cours de l'étape 1, nous explorerons pourquoi il est important de se fixer un but. Nous examinerons les raisons pour lesquelles les gens ne le font pas. Nous présenterons des activités qui développeront la technique de fixer des buts et de les atteindre. Atteindre vos buts dépend largement de votre motivation et de votre désir. Vous éprouverez le désir de vous impliquer parce que nous vous y encouragerons par les moyens suivants :

- Identifier ce qui a de la valeur dans la vie
- Définir votre but en 10 étapes
- Vous persuader que vous pouvez avoir un but déterminé
- Vous encourager à atteindre ce but

Étape 2 : **La force de penser**

L'étape 2 utilise le processus de la pensée comme une technique. En termes simples, la force de penser signifie chasser les vieilles idées et les remplacer par des nouvelles. Ce processus implique les étapes suivantes :

1. Identifier les limites de vos idées
2. Les remettre en question
3. Apprendre à penser d'une nouvelle façon
4. Remplacer les limites par des énoncés utiles

Nous allons augmenter le niveau de votre conscience et développer votre esprit critique en :

- identifiant vos craintes au sujet du vieil âge et les croyances sous-jacentes ;
- vous convainquant de la force de votre système de convictions personnelles ;
- vous aidant à reconnaître les énoncés basés sur une limite (effacer la limite de votre esprit) ;
- vous aidant à remplacer le langage des limites par le langage illimité des possibilités.

Étape 3 : **Créativité**

La créativité est au cœur de l'étape 3. De nouvelles recherches révèlent que les gens réussissent à développer leur créativité plus tard au cours de la vie. Les participants des cours de mise en forme affirment qu'ils sont devenus plus créatifs parce qu'ils ne pensent plus que la créativité se limite à l'expression artistique. Il leur est devenu plus facile de sortir des sentiers battus et d'agir de façon radicalement différente.

Étape 4 : **Attitude optimiste**

Au cours de l'étape 4, nous abordons l'importance d'avoir une attitude optimiste et parcourons la nouvelle recherche sur les attitudes. Vous passerez un test et découvrirez comment devenir plus optimiste.

Étape 5 : **Mémoire et apprentissage**

Alors que tout le monde se soucie de la mémoire, peu de gens attachent de l'importance au lien étroit entre la faculté d'apprendre et la mémoire, ce que résume bien la phrase suivante : « Si vous ne pouvez pas vous souvenir de quelque chose, c'est que vous ne l'avez probablement jamais apprise. » Apprendre de nouvelles choses fait croître et se ramifier les dendrites, ce qui améliore la force du cerveau. La recherche souligne les bienfaits d'apprendre autre chose et de s'intéresser à des sujets qui diffèrent de ce que l'on a appris par le passé. Par exemple, il a été démontré qu'étudier une nouvelle langue a un effet des plus bénéfiques. Vous enregistrez des conseils et des stratégies en améliorant la capacité de saisir les nouvelles informations.

Étape 6 : **Affirmer ce que vous pensez**

Au cours de l'étape 6, nous vous fournirons les encouragements dont vous avez besoin pour utiliser vos nouveaux talents et affirmer avec éloquence ce que vous pensez vraiment pour changer le monde.

Étape 7 : **Être en forme pour la vie**

Le chapitre final est consacré aux façons d'atteindre ses buts, aux stratégies pour garder l'esprit en forme et créer l'esquisse de ce que vous prévoyez faire à partir de maintenant et pour le reste de votre vie : « Trente choses à faire avant de mourir. »

Alors, commençons. Qu'est-ce que vous aimeriez vraiment faire durant le reste de votre vie ?

Déterminer un but : une raison et une passion

Des vérités profondes
tous en trouvent
lorsqu'ils se taisent
lorsqu'ils deviennent désespérément honnêtes
avec eux-mêmes.
Nous dérivons tous de la même source.
Il n'y a pas de mystère à l'origine de la création.
Tous font partie du spectacle,
rois, reines, poètes, musiciens :
il suffit de regarder un peu
et découvrir qui est déjà là.

HENRY MILLER

Réflexions sur les buts

À 57 ans, je me suis fixé un but pour la première fois dans ma vie. J'ai décidé de me préparer à vieillir. Et j'y travaille encore.

BOB WAIN, **84** ANS

La plupart d'entre nous n'avions jamais pensé à se fixer un but avant de quitter l'école. Lorsque le directeur m'a demandé ce que j'allais devenir, je lui ai dit que je ne voulais pas être une secrétaire et il a répondu : « C'est vraiment dommage »

JEANNE MARTINUIK, **64** ANS

C'était différent à l'époque. Nous sortions de la crise et nous étions simplement heureux d'avoir un toit au-dessus de nos têtes. Je rêvais de devenir infirmière. Mais je voulais d'abord survivre, alors je suis devenue secrétaire.

FREDA HOGG, **83** ANS.

Se fixer des buts et les atteindre

C'est ici que commence le programme. C'est aussi le début d'une vie plus active, saine et heureuse.

Dans ce chapitre, nous expliquons pourquoi il est important de déterminer un but. Nous explorons pourquoi les gens ne s'en fixent pas et nous examinons les moyens de se fixer des buts à la fin de sa vie. Nous passerons en revue brièvement les principales études menées entre 1950 et 1970, dont les résultats laissent entendre que les mythes répandus sur le vieillissement ne sont pas fondés. Nous examinons les preuves qui démontrent qu'avoir un but déterminé garde l'esprit en forme.

Nous vous présentons les 10 étapes à franchir pour définir un but et l'atteindre. Vous devrez effectuer des activités qui changeront votre vie. Avant d'aller plus loin, voici des exercices qui donneront à votre esprit un bon départ.

Échauffement

Les énoncés suivants veulent piquer votre curiosité. Après avoir lu chaque question, arrêtez-vous et réfléchissez. Ne dites pas tout de suite la réponse. Il y a un sens caché et laissez votre esprit trouver son chemin jusqu'à la bonne réponse.

1. Pourquoi un billet de 1 dollar de 1990 vaut-il plus que le billet de 1989 ?

2. Y a-t-il un 4 juillet en Angleterre ?

3. Combien d'animaux de chaque sexe Moïse a-t-il embarqué dans son arche ?

4. Un commis dans une boucherie mesure 1 mètre 80. Que pèse-t-il ?

5. Combien y a-t-il de timbres de 2 cents dans une douzaine ?

6. Entendu souvent : « Je mange ce que je peux et je ne peux ce que je ne peux. » Qu'est-ce que ça veut dire ?

7. Comment éviter le train : Un homme marche le long de la voie ferrée lorsqu'il aperçoit un train fonçant à toute vitesse vers lui. Afin de l'éviter, il saute de la voie, mais avant de sauter, il court vers le train sur une distance de 3 mètres. Pourquoi ?

8. Un jour, un homme quitte la maison, fait trois tours à gauche et rencontre un homme masqué. Quelle est la profession du premier homme ?

(Réponses dans « Questions et réponses » aux pages 231-232)

> Pour atteindre le **bonheur,** on ne doit jamais se priver d'un **but important.**
> EARL NIGHTINGALE

Vieillir, c'est connaître de nouveaux débuts c'est maintenant défini comme grandir et se développer. Peut-être que le but principal de chacun est de réaliser ses rêves et de développer son plein potentiel sous chaque aspect de sa vie. Afin de grandir, de se développer et d'atteindre notre plein potentiel, nous avons besoin de nous fixer des buts et de les atteindre. C'est aussi simple que cela, mais pas aussi facile à faire à moins de savoir comment.

Pendant des décennies, beaucoup de gens ont écrit sur la manière de se fixer des buts et de les atteindre. Les buts sont à l'origine de la plupart des choses que nous avons accomplies et les définir nous motive comme rien d'autre ne peut le faire. La réussite personnelle et professionnelle à tout niveau s'acquiert mieux en se fixant des buts et en ayant un plan pour les atteindre. Comment arriver à destination si vous n'avez pas une carte routière ?

La valeur des buts

En 1953, une étude a été menée à l'université Yale avec un groupe de diplômés. Les étudiants devaient répondre à une variété de questions. L'une d'entre elles était celle-ci : « Avez-vous des buts et avez-vous un plan pour les atteindre ? » Les résultats démontrèrent que seulement 3 pour cent des finissants avaient des buts. Il s'agissait d'un groupe des plus favorisés, des diplômés d'une des plus prestigieuses universités en Amérique.

Vingt ans plus tard, on les a interrogés à nouveau. On leur posa, entre autres, la question suivante. « Combien d'argent avez-vous aujourd'hui comparativement à ce que vous aviez en 1953 ? » Les résultats ont démontré que les 3 pour cent qui avaient un but déterminé au début de leur carrière avaient plus d'argent que les autres qui formaient 97 pour cent du groupe. Évidemment, l'idée n'est pas de savoir combien d'argent nous avons ni combien de biens matériels nous avons accumulés. En fait, les experts nous disent que seulement 3 pour cent de la population a un but précis et un plan pour l'atteindre.

Il ne faut pas une force cérébrale particulière pour avoir des rêves et établir un plan. N'importe qui peut faire ça, à n'importe quel âge. Toutefois, se fixer un but

> Nous **retenions** quelque chose qui nous **affaiblissait**. Jusqu'à ce nous découvrions que c'était **nous-mêmes**.
> Robert Frost

est un talent particulier qui doit être appris et ensuite appliqué si nous voulons vraiment réussir dans la vie et remplir nos promesses. Chez les gens de cinquante ans et plus, se fixer un but a rarement été la principale préoccupation reliée à leur développement personnel. C'est pourquoi nous avons pensé à inclure dans ce livre les ateliers qui enseignent à déterminer un but.

Si vous voulez quelque chose de différent, une des meilleures façons de l'obtenir est de créer votre propre projet de recherche. Le sujet ? Vous. Les gens s'inscrivent à l'école, fréquentent les cours du soir, poursuivent des études à long terme et obtiennent des diplômes dans tous les domaines. L'endroit le plus important où puiser est en vous. Pour parvenir aux résultats qui améliorent la qualité de vie et pour éprouver un sentiment de valeur et de succès, on a besoin de s'étudier soi-même. Qu'est-ce qui nous allume l'esprit ? Qu'est-ce qui nous rend malades d'ennui ? Qu'est-ce qui nous rend heureux à la fin de la journée ? Que désirons-nous vraiment ? Qu'est-ce que nous voulons être ?

> *Pour la plupart (des gens), c'est le temps de retirer le joug, d'alléger le fardeau et d'ajuster le harnais afin de pouvoir fournir un plus grand effort pour supporter le fardeau suivant. C'est le temps d'entreprendre une nouvelle carrière. La nouvelle carrière rapportera peu ou pas d'argent : il peut s'agir simplement d'un bon travail. D'autre part, elle peut fournir l'aide dont on a grand besoin. Cela sera un délice pour quelqu'un qui parvient enfin à avoir un travail bien rémunéré au lieu d'un repos bien rémunéré. C'est peut-être aussi ce que la société attend de la plupart d'entre eux.*
> WILDER PENFIELD

« Si vous voulez vivre longtemps et en santé, disait Hans Selye, un expert réputé pour ses recherches sur le stress, faites des choses qui vous emballent et qui vous passionnent. Ne prenez pas votre retraite (du moins pas de la vie). Engagez-vous dans des projets qui contribuent au bonheur des autres. »

Les buts nous rendent service d'une foule de façons. Ils donnent un sens à la vie : ils suscitent un sentiment de valeur et la volonté d'explorer les occasions de s'améliorer. Tout le monde a le pouvoir d'exceller dans un domaine. Les buts nous aident à trouver et à explorer ce que nous aimons, et nous permettent de garder le contrôle devant les constants changements de la vie. Se fixer des buts, c'est comme garder les mains sur le volant de la vie. Nous pouvons contrôler nos buts et choisir sur quoi nous voulons miser nos efforts.

Vous êtes rendu où vous êtes et cela découle de ce que vous avez pensé et fait au cours de 10, 20, 30, 40, 50, 60 ou 70 ans...

Si vous voulez plus, vous devez songer à faire quelque chose de différent, sinon vous continuerez à avoir la même chose ! Qu'oseriez-vous essayer si vous croyiez qu'il était impossible d'échouer ? Que tenteriez-vous si vous croyiez réussir ?

> L'échec n'est pas de rater la cible, mais de viser trop bas.

> Vous ne pouvez découvrir de nouveaux océans à moins d'avoir le courage de quitter la rive.

Les raisons invoquées par les gens qui ne se fixent pas de buts

Pourquoi les gens ne se fixent-ils pas de buts ? Les gens sont vraiment heureux quand ils ont un but. La seule fois où nous sommes pleinement en vie est quand nous embrassons une cause qui nous tient à cœur. Mieux encore, qui nous passionne. Betty Friedan, l'auteure de *The Fountain of Age*, affirme que nous avons tous besoin d'avoir un projet et d'une raison de vivre au cours de notre existence. C'est ce qui lui donne une direction ou permet d'en trouver le sens.

En dépit de cela, il existe des raisons pour lesquelles les gens ne se fixent pas de buts. En les lisant, tentez de voir si l'une d'entre elles s'applique à vous. La première raison pour laquelle les gens ne se fixent pas de but est qu'ils ne réalisent pas l'importance d'avoir un objectif. Peut-être n'y avez-vous jamais songé ou peut-être n'en parlait-on pas dans votre famille ! Personne ne vous a jamais suggéré de l'écrire. Peut-être pensez-vous qu'il était égoïste d'y penser

> Il y a un **drôle de truc** dans la vie : si vous **refusez d'accepter** n'importe quoi, vous **obtenez** souvent ce qu'il y a de **mieux**.
> SOMERSET MAUGHAM

> De **grands buts** inspirent la crainte de l'**échec**. Ne pas en avoir **garantit** l'échec.

ou d'y rêver pour vous-même ! Vous avez peut-être aidé votre épouse ou vos amis à atteindre leurs buts. Mais ces raisons n'ont plus lieu de s'appliquer désormais. Rappelez-vous, ce projet de recherche porte sur vous.

La seconde raison pour laquelle les gens ne se fixent pas de buts est qu'ils ignorent comment faire. Si c'est votre cas, personne ne vous le reprochera. Personne n'a suivi de cours 101 sur comment se fixer des buts. Maintenant ce cours existe. La troisième raison pour laquelle les gens ne se fixent pas de buts est la crainte du rejet. Les experts nous donnent plusieurs façons de régler ce problème, et voici ce que nous avons trouvé de mieux. Gardez vos buts confidentiels, c'est-à-dire à l'abri de ceux qui les critiqueront ou s'en moqueront. Rappelez-vous lorsque vous étiez enfant et que vous disiez que vous vouliez devenir astronaute ou pompier et que quelqu'un vous répondait : « Tu plaisantes ? Cesse de rêver en couleurs ! Pourquoi ne pas devenir infirmière ou secrétaire ? » D'autre part, essayez par tous les moyens de partager vos buts avec des gens qui vous encourageront et vous appuieront, peu importe ce que vous voulez faire ou devenir. Si vous voulez gravir l'Everest, diriger un orchestre, apprendre une nouvelle langue, écrire un livre ou apprendre le dessin, vous pouvez le faire. Allez-y. Dites-le aux gens qui vous appuient. Donnez-leur des rapports réguliers sur vos progrès. Demandez-leur de vous fournir l'aide dont vous avez besoin.

La quatrième raison pour laquelle les gens ne se fixent pas de buts est la crainte de l'échec. En fait, c'est la raison première pour laquelle les gens échouent dans la vie. Des messages trottent dans leur tête comme : « Je ne peux pas, je ne suis pas assez doué. Je suis gêné d'essayer. Je risque d'échouer ou je me sens déjà voué à l'échec. » Il s'agit d'abord de comprendre ce qu'est l'échec. L'antidote classique à la peur de l'échec est l'histoire de Thomas Edison qui a subi un des plus grands échecs de tous les temps. Il essayait de trouver le bon filament pour allumer une ampoule électrique et n'y parvenait pas. Il devint célèbre grâce à sa lubie. Lorsqu'un journaliste lui demanda pourquoi il persistait à dépenser

> **L'échec** ne m'abattra jamais si mon désir de **réussir** est suffisamment fort.
> Og Mandino

son temps et son argent après chaque échec, Edison lui répondit : « Je n'ai pas du tout échoué. J'ai découvert avec succès cinq mille façons qui ne fonctionnent pas. Et maintenant, je suis cinq mille fois plus près de celle qui va fonctionner. » Et il a réussi en fin de compte à illuminer le monde.

La cinquième raison pour laquelle les gens ne se fixent pas de buts est qu'ils croient qu'ils sont trop vieux. Ils passent trop de temps à parler du passé et à y penser. Ils ne se consacrent pas à vivre le temps présent, à profiter de ce qu'ils ont et à planifier leur avenir. La grande majorité des gens âgés ont un avenir très long devant eux ou, du moins, beaucoup plus long qu'ils ne le pensent.

Avoir un but déterminé est fondamental pour éprouver du bien-être. Nous façonnons l'avenir quand nous réalisons des buts. Il s'agit de nos buts, de nos buts personnels et de notre carrière. Nous allons vous aider à atteindre vos buts grâce à un processus en 10 étapes vraiment efficaces.

Tout le monde rêve
mais nul rêve n'a son égal.
Celui qui de la nuit
croit tenir le rêve
dans les replis de son esprit
une fois que le jour se lève
celui-là ne trouve que
poussière

et n'est qu'un vaniteux.
Quant à celui
qui a les yeux ouverts
celui-là est dangereux
car une fois le jour venu
son rêve se fait chair

T.E. Lawrence

Avoir un but déterminé

En prenant de l'âge, les gens parlent moins de leurs rêves et encore moins d'avoir un but. On y fait peu allusion dans les livres pour gens âgés, car ces derniers estiment souvent qu'il est trop tard pour rêver. Les gens âgés trouvent qu'ils n'ont pas un avenir suffisamment long devant eux pour se fixer des buts et qu'ils ont déjà plus ou moins tout fait. Par ailleurs, ils ont déjà accompli et accumulé beaucoup sans avoir précisément établi un but.

À quelques exceptions près, l'opinion qui règne chez les gens âgés de toutes les classes de la société est encore de voir le troisième âge ou l'étape de la retraite (qui parfois commence dès 50 ans) comme le temps de se détendre, de jouer au golf et de voyager. En fait, le tourisme est la plus grosse industrie au monde. Les agences de voyages veillent aux moindres détails quant à l'heure de vous lever, de faire vos bagages, de manger, de monter dans l'autobus, allant même jusqu'à prévoir le montant du pourboire à allouer au chauffeur. Mais nous savons que ce n'est pas ce que tous les gens âgés désirent ni la seule chose qu'ils font durant leur retraite, ni ce qui fait vieillir en santé.

Se détendre et passer du temps en famille sont de nobles activités, mais ce n'est pas ce qui nous comble le plus. Elles ne procurent pas toujours l'impression de trouver le sens profond de la vie qui mène vers un plus grand bonheur et une vie meilleure. Nous disons simplement qu'il y a beaucoup plus.

> Lorsqu'une porte se **ferme**, une autre s'**ouvre** : nous restons longtemps à geindre devant la porte close **sans voir** celle qui est **ouverte**.
>
> ALEXANDER GRAHAM BELL

Certains passent leur temps à regarder en arrière, à réfléchir et à sonder le passé parce que c'est plus facile à faire que d'essayer de voir où ils veulent aller. D'ici la fin de ce chapitre, nous voulons vous convaincre de l'importance d'avoir un objectif, vous fournir des stratégies et des étapes à franchir pour vous permettre, peu importe votre âge, de créer la santé et le bonheur auxquels tous aspirent.

Pour les gens âgés, avoir un but c'est différent. Ils ont acquis des années et des années d'expérience qui ont forgé le jugement et le regard qu'ils portent sur leur vie et sur le monde. Malheureusement, quand sonne l'heure de la retraite, ils ont une sombre opinion d'eux-mêmes et de leurs capacités. Plusieurs cultivent des idées négatives à l'endroit de la vieillesse et en particulier au sujet de la leur. Les sentiments négatifs gardent les gens coincés, les empêchent de se développer et d'obtenir des résultats. (L'étape 2 consiste à éliminer tout sentiment de ce genre, en analysant nos opinions et en transformant celles-ci).

La majorité des gens âgés de plus de 50 ans n'ont encore jamais établi d'objectif. Jusqu'aux années 1990, les ateliers destinés à se fixer des buts n'étaient pas répandus. De nos jours, presque tous les livres consacrés au développement personnel et professionnel comportent des chapitres sur la définition d'un but et sur les façons d'obtenir des résultats. Il existe des cours offerts à tous grâce aux programmes d'éducation permanente en développement professionnel.

> **Osez le grandiose,** même s'il est parsemé d'échecs, plutôt que de vous ranger parmi les âmes tièdes qui ne connaissent **ni la victoire** ni la défaite.
> THEODORE ROOSEVELT

Se fixer des buts est un processus pour aller là où vous voulez aller. Certaines gens ont des buts tout au long de leur vie ; d'autres ne s'en fixent jamais, ils vivent un jour à la fois, relevant un défi puis un autre, tout en répondant à ce que l'on attend d'eux. Se fixer des buts n'est pas un truc qu'ils ont essayé au cours de leur jeunesse et ils ont peut-être besoin d'essayer un outil dynamique pour que les choses s'accomplissent.

Nous vous présentons les moyens de définir des buts en 10 étapes pour arriver à ce que vous voulez. Les buts sont comme les cartes routières : ils vous gardent sur la bonne voie et vous aident à clarifier ce qui est important dans votre vie. Les buts agissent également comme un aimant : ils

> Ce qu'il y **derrière** nous et ce qu'il y a **devant** nous n'est rien en comparaison avec ce qu'il y a **en nous.**
> OLIVIER WENDELL HOLMES

attirent les choses et les gens qui aident à les atteindre. Accomplir un but que vous avez fixé vous-même procure du plaisir et vous donne plus de confiance pour l'atteindre, plus que vous n'avez jamais pensé avoir.

Lorsqu'ils étaient plus jeunes, la plupart des gens âgés étaient trop occupés à gagner leur vie pour se fixer des buts. Plusieurs arrivaient à peine à survivre durant la Crise et n'avaient ni le temps ni la volonté de forger leur propre avenir. Maintenant ils l'ont. Dès que l'occasion se présente, saisissez-la et mettez-vous à l'œuvre.

Forger votre vision

Pour réussir, vous devez évaluer vos talents
Et tracer l'exact portrait de ce que vous voulez être.
Comme un hameçon dans votre cerveau et qui vous tire par-devant,
C'est votre rêve qui vous mènera.

Peu de gens sont capables de changer le monde,
Mais presque tout le monde peut atteindre un niveau exceptionnel.
Il suffit de choisir un domaine qui exprime le mieux
Son savoir, son talent, sa passion et son intérêt.

Commencez à songer à ce qui occupera
Le centre de votre vie,
À ce que vous voulez être ou faire
Et ne laissez plus rien vous barrer la route.

Une fois que votre rêve est tracé,
Vous n'êtes plus à la merci des événements.

Ceux qui poursuivent un rêve
Doivent en assumer la responsabilité et prendre des risques.
Les risques sont le dialogue intérieur,
Être seul et prendre des décisions.
La responsabilité est de garder le courage,
L'intensité, le talent et le dévouement.

Dans la vie, il est plus sûr de ne rien faire.
Il n'y a rien qui puisse rendre les choses faciles.
Le succès ne dépend ni du statut ni de la richesse
Mais de faire notre part pour la société.

Maurice Gibbons est un ancien professeur en éducation à l'université Simon Fraser. Il a lu ce texte devant une classe du secondaire mais il s'adresse aux gens de tout âge qui commencent une nouvelle étape de leur vie, une étape qui peut être caractérisée par l'énergie et la vitalité, un but et une passion, et le désir d'être au meilleur de votre forme. C'est tout ce que la vie et l'âge vous réservent.

Jetons un regard à ce que dit la recherche sur le lien entre vieillir, avoir des buts et vouloir les atteindre . Il est toujours utile d'avoir une perspective historique donnant des indices sur le sujet, ce qui permet une meilleure compréhension de ce dernier. Nous avons demandé aux gens qui suivaient le cours : « Qu'est-ce qui est différent quand on est plus vieux ? » Voici ce qu'ils ont répondu :

- Nous avons moins de contraintes, alors nous pouvons essayer de parvenir à nos buts.
- Nous avons plus de temps pour faire ce que nous voulons.
- Avoir un but aide à se concentrer sur l'avenir.
- Il est facile de gaspiller votre temps, alors il est important que les gens âgés aient des buts.
- Les gens les plus heureux sont ceux qui vivent le moment présent et travaillent à modeler l'avenir.
- Vous devez planifier votre journée. Je commence dès 5 h 30 du matin et j'ai un horaire très serré. Quand je travaillais, je ne me levais jamais tôt.
- Si vous n'avez pas de but, vous ne faites rien.
- Il est plus important de se fixer un but parce qu'il nous reste moins de temps.
- Lorsque vous êtes à la retraite, vous perdez l'estime de vous-même, alors vous devez avoir un but pour la conserver.
- J'ai été heureux au cours de la première année de ma retraite. Je ne le suis plus. Ce cours est exactement ce dont j'ai besoin. J'ai pris conscience de tous les rôles que j'occupais. Je ne les ai plus, alors il me reste un seul choix : les rôles multiples sont terminés.

Se fixer un but est de loin l'élément le plus important pour avoir l'esprit en forme parce que cela permet d'identifier ce qui est vraiment important pour nous. Et c'est à partir de là que nous retrouvons un sens et une raison à la vie, et que nous développons les talents et les ressources pour les atteindre. Nous utilisons la force de la pensée pour nous débarrasser des opinions négatives qui peuvent nous empêcher d'atteindre nos buts. Nous utilisons la créativité pour exprimer nos aptitudes et nos talents, et pour créer notre propre avenir en tant que personnes âgées dans un monde vieillissant, tout en libérant la vitalité et l'énergie. Nous travaillons à devenir optimistes pour nous donner de l'espoir en l'avenir. Nous utilisons des stratégies pour améliorer notre capacité d'apprendre et notre mémoire afin de garder confiance en nos facultés. Nous parlons avec clarté de ce qui compte vraiment. Finalement, nous suivons un programme pour nous assurer que nous sommes en santé mentale pour la vie. Tout cela dans l'intérêt d'atteindre nos buts.

> Peu importe le **passé**.
> Tout commence
> **aujourd'hui**.

Se fixer des buts est le fil d'Ariane de chaque atelier de mise en forme. Les buts peuvent être gros; ils peuvent être petits; ils peuvent être d'ordre personnel ou professionnel. Cela comprend des buts à court terme comme cesser de fumer, perdre du poids, écrire un journal intime, explorer sa créativité par les arts, développer une attitude positive, apprendre un poème ou établir sa généalogie.

Les buts peuvent être reliés à une mission, comme celle qu'accomplisse les sœurs de l'école Notre-Dame. Elles ont choisi la vocation d'enseigner, d'étudier et d'aider les autres à vivre pleinement leur vie.

> Lorsque vous cessez de
> **donner**, vous
> commencez à **mourir**.
> ELEANOR ROOSEVELT

Wilder Penfield est un chirurgien canadien célèbre pour ses recherches sur le cerveau au cours des années 1950. Il était en avance sur son temps : il rejetait d'emblée l'idée de la retraite. Tout en poursuivant une carrière de chirurgien, Penfield devint conférencier. Une de ses conférences secoua le public. Elle s'intitulait « La pseudo-sénilité : Le dictum d'Osler reconsidéré ». Penfield remettait en question l'ancienne notion de l'âge de la retraite. Dans son discours, il citait la conférence que prononça William Osler lorsqu'il prit sa retraite. Ce dernier dirigeait l'école John Hopkins au début du XXe siècle. Voici ce que disait Osler :

> *J'ai deux idées fixes. Je songe d'abord à la relative incompétence des hommes de quarante ans et plus... Et puis je pense à l'incompétence des hommes de soixante ans et plus et aux innombrables bienfaits sur le monde commercial, politique et professionnel si ces derniers cessaient de travailler.*

Cinquante-cinq ans plus tard, Penfield expliquait qu'à l'époque, les journaux avaient récupéré le discours d'Osler. Les manchettes affichaient des titres comme « LES HOMMES SONT INUTILES APRÈS QUARANTE ANS », « LES HOMMES DEVRAIENT ÊTRE CHLOROFORMÉS À SOIXANTE ANS » ou « OSLÉRISONS LES VIEUX ». La rumeur se répandit dans les conversations et à Saint Louis, un homme de 60 ans se suicida. On trouva une bouteille de chloroforme vide sur son lit et des coupures de journaux faisant allusion au discours d'Osler.

Cet incident servit de plate-forme à Wilder Penfield qui s'opposait à cette vision et lança sa seconde carrière comme conférencier. Voici ce qu'il disait à ce sujet :

> *Permettez-moi de vous décrire l'évolution d'une maladie peu connue. Il s'agit d'une maladie psychologique que j'appelle la pseudo-sénilité. Prenons l'exemple d'un digne citoyen à l'emploi d'une entreprise et qui atteint l'âge officiel de la retraite. Certains collègues, qui ont plusieurs années devant eux, viennent le voir et lui remettent une montre en or en lui disant de prendre un repos bien mérité. Hier encore, cet homme vaquait à ses occupations et faisait sa part. Maintenant il demeure à la maison. Il tond la pelouse et transporte les poubelles tout en réfléchissant à son avenir. Lorsqu'il est gentil, elle le laisse laver la vaisselle. Il remarque que sa mémoire vive n'est plus aussi bonne que lorsqu'il était plus jeune, alors que le passé lointain lui revient facilement en mémoire. Dans peu de temps,*

les gens commenceront à murmurer dans son dos : « Il dépérit, le pauvre. » Et c'est ce qui lui arrive.

Osler reçut une montre en or mais, selon Penfield, il avait surtout besoin d'un nouveau travail. Pas de se reposer !

L'intérêt pour le vieil âge est apparu avec l'émergence des études en gérontologie au cours des années 1970, et se fixer des buts devint un des thèmes abordés. La littérature de cette époque continuait à représenter la perspective traditionnelle de l'homme et accordait peu de considération à l'histoire toute différente des femmes. Selon notre recherche, la majorité des femmes au cours des années 1970 et 1980 n'avaient qu'un seul but : trouver un mari. Et le ménage était la seule carrière envisagée. Alors quand prenaient-elles leur retraite ? Lorsque leur mari mourait. Ce qui signifie que certaines n'ont jamais pris leur retraite.

Nous savons maintenant que se fixer des buts est associé avec la santé : se fixer des buts et les réaliser conduisent à une meilleure santé et suscitent une satisfaction profonde. Peu importe l'âge que vous avez, la réalisation de buts significatifs mène au bien-être psychologique et à une meilleure santé. Vous souvenez-vous de l'oncle Jean ? Il a pris sa retraite à l'âge de 65 ans et passait la plupart du temps devant la télévision. Il est mort d'une crise cardiaque à l'âge de 66 ans. Il avait besoin d'une raison pour se lever le matin. Lorsque vous avez des buts à remplir, vous n'avez pas à tuer le temps ni de temps à perdre. Vous souvenez-vous de tante Paulette ? À l'âge de 94 ans, elle était déterminée à danser au mariage de sa petite-fille, elle l'a fait et elle est morte un mois plus tard.

Lorsque nous avons un but, nous misons sur ce qui est possible. Nous avons espoir en l'avenir.

Atelier : Se fixer des buts

Raisons irrésistibles d'avoir des buts

Établir des buts irrésistibles est la base pour réussir dans la vie. Les buts nous motivent, ils nous donnent l'énergie nécessaire pour parvenir au succès. En établissant des buts personnels et en les atteignant, chacun peut tracer son propre chemin. Nous devenons responsables de la direction de notre vie, au sens pratique et spirituel. Nous avons l'impression d'être des champions lorsque nous avançons vers nos buts. C'est bon. La plupart des gens sont heureux lorsqu'ils travaillent pour un but qui en vaut la peine. Il n'est pas étonnant que les buts déterminent la façon dont nous vieillissons.

> Je ne connais rien de plus **encourageant** que l'incontournable capacité de l'homme à s'**élever** par des **efforts** conscients.
> HENRI DAVID THOREAU

Voici les différentes approches pour se fixer des buts. Parcourez-les et choisissez celle à laquelle vous vous identifiez. La plupart des gens franchissent les dix étapes avec facilité. Nous vous en proposons plusieurs et prenez celle qui vous convient. Vous franchirez facilement les étapes en suivant les instructions.

Étape 1 : **Fixez-vous un but et foncez !**

Étape 2 : **Écrivez-le.**

Étape 3 : **Écrivez les avantages de l'atteindre.**

Étape 4 : **Évaluez votre but.**

Étape 5 : **Identifiez les obstacles.**

Étape 6 : **Identifiez les ressources dont vous avez besoin.**

Étape 7 : **Identifiez les gens ou les groupes qui vous aideront à atteindre vos buts.**

Étape 8 : **Établissez un plan et un délai.**

Étape 9 : **Ayez une image claire de votre but (visualisez-le).**

Étape 10 : **N'abandonnez jamais !**

Les 10 étapes pour atteindre vos buts

Étape 1. **Choisissez un but que vous désirez à tout prix atteindre et foncez !**

> Il existe plusieurs choses dans la vie qui **attirent le regard**, mais seules quelques-unes **attirent votre coeur**... Pourchassez celles-là.

> Ce que l'esprit peut **concevoir** et **croire**, il peut l'**accomplir**.
> NAPOLEON HILL

Votre but doit être quelque chose que vous désirez pour vous-même. Le but ne peut pas être quelque chose que vous souhaitez pour autrui. Si vous ne savez pas ce que vous voulez, les approches et les questions suivantes vous aideront à le déterminer. Le point le plus important est de devenir satisfait, d'atteindre votre potentiel, de devenir la personne entière et saine que vous voulez vraiment devenir.

Napoleon Hill a absolument raison. Si votre but est réaliste, vous avez les capacités pour y parvenir. Si vous voulez perdre du poids, il n'est pas raisonnable de vous attendre à passer d'un poids de 70 kilos à 60 kilos en un mois, et puis ce n'est pas sain. Si toutefois votre but est de perdre un kilo par semaine, alors la perte de quinze kilos devient facile à obtenir. Les buts peuvent nous stimuler mais pas au point de relever un défi impossible.

Votre but peut être relié à un des domaines suivants :

Physique :   Je vais faire de l'exercice.

Émotionnel :   Je vais communiquer avec trois de mes anciens amis et m'en faire de nouveaux.

Mental :   Je vais apprendre à jouer au bridge ou je vais lire un livre d'histoire par mois.

Spirituel :   Je vais apprendre à méditer, à me détendre et à prier.

Financier :   Je vais établir un budget et le suivre. Chaque année, je verserai un montant d'argent dans un plan d'épargne.

À titre d'exemples, voici des buts que s'étaient fixés les gens qui ont suivi notre programme de mise en forme :

- Devenir un humoriste
- Développer mon côté pratique
- Cesser de fumer
- Communiquer avec mes cousins
- Écrire un journal intime
- Écrire une histoire pour mes enfants et mes petits-enfants
- Avoir plus de plaisir
- Avoir le sens de l'humour
- Avoir de nouveaux amis
- Promouvoir les études pour les aînés et détruire le mythe du déclin des capacités mentales avec l'âge

Les exercices suivants sont faciles à effectuer et ils vous aideront à découvrir ce que vous désirez le plus dans la vie, si vous ne l'avez pas encore trouvé. Il est curieux de constater que la plupart des gens ne le savent pas.

> Lorsque vous **identifiez** ce que vous voulez, vous avez parcouru la **moitié** du chemin.

Un moyen simple de découvrir ce que vous voulez est d'écrire les 10 choses que vous voulez faire avant de mourir. C'est une très bonne façon de commencer à définir vos buts. L'exercice 1, « Trouver ce que vous désirez vraiment », vous aidera si vous le faites dès maintenant, car il vous guidera au cours de la lecture du livre. S'il vous plaît, donnez-vous la chance de le faire. Nous vous promettons qu'il vous plaira et que vous apprendrez quelque chose sur vous.

Exercice 1 : **Trouver ce que vous désirez vraiment**

Prenez une feuille de papier vierge et écrivez en haut de la page :

Dix choses que je veux faire avant de mourir.

> Nous pouvons absolument affirmer que **rien de grand** ne s'est accompli dans le monde **sans passion**.
> GEORG HEGEL

Prenez environ cinq minutes pour écrire cette liste. Vous n'avez pas à réfléchir trop longtemps. Après avoir écrit la liste, revenez au début et établissez les trois choix les plus importants. Écrivez « 1 » devant le plus important des trois, « 2 » devant le deuxième et « 3 » devant le suivant. Ces trois choix doivent être insérés dans la méthode en 10 étapes qui est exposée aux pages 57 et 58. L'engagement est la conviction qui vous motive à persévérer.

Exercice 2 : **Une autre façon de trouver ce que vous désirez vraiment (si vous ne le savez pas déjà)**

Répondez aux questions suivantes :

1. Faites une liste de cinq valeurs qui sont importantes pour vous (par exemple, la santé, l'amour, la sécurité).

    1.

    2.

    3.

    4.

    5.

2. Faites ce test en une minute. Écrivez les trois buts les plus importants dans votre vie à partir d'aujourd'hui (par exemple : acheter une maison, créer un jardin, établir votre généalogie).

    1.

    2.

    3.

3. Que feriez-vous de différent si vous gagniez un million de dollars ?

Répondre à ces trois questions vous donnera plusieurs idées à explorer. Relisez ce que vous avez écrit. Choisissez les trois réponses qui vous emballent le plus. Elles vous fourniront un bon moyen de savoir ce que vous voulez vraiment faire ou devenir.

Trouver votre but et votre passion

Votre travail consiste à choisir le but le plus important et à le définir en 10 étapes.

Étape 1 : **Choisissez le but qui vous semble le plus passionnant.**

Ce but a le pouvoir de changer votre vie pour toujours. Rappelez-vous, vous n'avez rien à perdre. Vous avez acheté ce livre, c'est un bon début. Vous avez décroché le rôle, alors faites fonctionner vos méninges et donnez-leur un travail.

> Les grands esprits ont un **but**, et les autres, des **souhaits**.
> — WASHINGTON IRVING

Étape 2 : **Écrivez votre but.**

C'est une étape très importante. Le processus d'écrire ses buts personnels est un trait qui distingue les hommes des garçons dans l'étude de Yale que nous avons mentionnée plus haut. C'est également celui qui distingue les femmes des filles. Le processus physique d'écrire votre but permet de l'insérer dans votre esprit. Cela le rend plus réel, plus vivant. En fait, à moins de les écrire, vos buts restent souvent au stade du rêve. Écrire vos buts vous donne la chance de les accomplir. C'est la base du succès. Voici des exemples de formulations :

Mon but est d'écrire. (vague)
Mon but est d'écrire un roman. (précis)

Mon but est de maigrir. (vague)
Mon but est de perdre cinq kilos. (précis)

Mon but est d'être plus sociable. (vague)
Mon but est de me faire un nouvel ami. (précis)

Mon but est de m'intéresser à la musique. (vague)
Mon but est de diriger un orchestre. (précis)

Étape 3 : **Écrivez les avantages de réaliser votre but.**

Cette étape suscitera le désir et la passion dont vous avez besoin pour réaliser vos buts. C'est l'étape qui vous fournit la raison irrésistible qui vous incitera à fournir l'effort nécessaire pour réaliser vos buts. C'est l'étape qui vous révèle les bienfaits de les accomplir. C'est à cette étape-ci que vous voudrez écrire au moins une douzaine de raisons, d'avantages ou de bienfaits d'atteindre vos buts. La meilleure façon d'y parvenir est de garder un carnet de notes que vous consulterez au fil des ans. Dans mon carnet de notes, il y a des buts que j'ai écrits il y a dix ans et il me fait grand plaisir de relire ceux que j'ai accomplis. C'est une chose très saine à faire.

> Les **buts** ne sont pas absolument **nécessaires** pour nous stimuler, ils sont essentiels pour nous **garder** vraiment **en vie.**
> ROBERT H. SCHULLER

Prenez les exemples suivants. Écrivez d'abord un but. Commençons par le plus populaire : « Mon but est de perdre 5 kilos. » Puis écrivez les avantages :

Les bienfaits de perdre 5 kilos :

1. Je pourrai porter mes vêtements et épargner de l'argent.

2. J'aurai une meilleure apparence devant les autres.

3. Je me sentirai mieux.

4. J'aurai plus d'énergie.

5. J'aurai plus confiance en moi.

6. J'aurai envie de faire plus d'exercice et je me porterai mieux.

7. Je pourrai attacher les boutons de ma blouse.

8. J'aurai l'air mieux.

9. Je ne me sentirai pas aussi déprimé.

10. J'obtiendrai de l'avancement grâce à mes vêtements neufs.

11. Ma santé s'améliorera.

12. Je n'aurai plus peur de tomber de ma planche à roulettes.

13. J'améliorerai mon jeu au squash.

14. Je m'aimerai davantage.

15. Je profiterai de la vie.

16. Ma qualité de vie sera meilleure.

Tout cela en perdant seulement 5 kilos. Eh bien !

Maintenant examinons un autre but, peut-être pas aussi simple que perdre du poids. Disons que vous avez toujours rêvé de diriger un orchestre mais que vous n'avez jamais cru que c'était possible. Eh bien, tout est possible ! Alors commençons par écrire les avantages d'atteindre ce but. Il existe au moins 12 raisons. Écrivez d'abord la phrase suivante : « Mon but est de diriger un orchestre. » Puis faites la liste des avantages.

Les bienfaits de diriger un orchestre :

1. Je prendrai un abonnement des billets de saison pour avoir de l'inspiration !

2. J'achèterai des billets avec trois de mes amis et nous dînerons ensemble une fois par mois avant chaque concert.

3. Je prendrai ma vieille flûte de laquelle je n'ai pas joué depuis 25 ans et je verrai si elle joue encore ou si je sais jouer encore.

4. Je suivrai des leçons pour le plaisir.

5. Je chercherai les orchestres et les groupes de musique de chambre qui s'exécutent dans ma communauté.

6. Je choisirai l'un d'entre eux et j'assisterai aux concerts.

7. J'étudierai les partitions des concerts à venir, un gros travail mental.

8. Je communiquerai avec un membre de l'orchestre grâce à mon réseau d'amis et leur décrirai mon rêve avec passion.

9. J'éprouverai la joie d'être sur scène avec un vrai orchestre.

10. J'éprouverai beaucoup de fierté.

11. J'éprouverai du plaisir en partageant cette expérience avec ma famille et mes amis.

12. Je gagnerai plus de confiance et plus de piquant dans ma vie.

Ce sont des raisons irrésistibles qui vous encourageront à atteindre le but fixé.

Étape 4 : **Évaluez votre but**

Être capable d'évaluer vos buts est plus important que vous ne pouvez le penser. D'abord, vous aurez besoin d'évaluer la situation. Par exemple, supposez que vous voulez perdre 15 kilos. Votre but consiste alors à perdre 15 kilos. C'est facile à mesurer, vous vérifiez votre poids chaque semaine et vous notez vos progrès.

Mais supposons qu'il s'agit de diriger un orchestre. Quelle est la situation ? Vous n'avez jamais tenu une baguette ? Mais vous adorez diriger la troisième symphonie de Beethoven dans l'intimité de votre salon lorsque vous écoutez de la musique à tue-tête. Dans ce cas, sachez que vous avez déjà atteint votre but, ou que vous pouvez l'atteindre plus vite que vous ne le croyez, parce que vous serez bientôt devant un vrai orchestre, baguette à la main, vous délectant du rêve que vous avez réalisé.

Nous allons nous servir de ces exemples au cours des étapes 5 à 10 pour illustrer le processus que vous utiliserez pour atteindre votre but. À ce stade-ci, vous avez identifié votre but et franchi les quatre premières étapes.

Étape 5 : **Identifiez les obstacles**

Identifiez tous les obstacles que vous prévoyez rencontrer et que vous devrez surmonter pour atteindre votre but. S'il n'y a pas d'obstacles, ce n'est pas un but, c'est une activité. La différence entre un but et une activité est que le but est quelque chose à accomplir, c'est le résultat des activités. Une activité peut être simplement une chose que nous faisons sans espérer

> Les **obstacles** sont ces choses effrayantes que **vous voyez** lorsque vous ne **regardez plus** vos **buts**.
> ANONYME

un résultat ou sans raison particulière. Il peut s'agir d'un truc que nous avons toujours fait ou de quelque chose de nouveau que nous sommes en train de faire (par exemple : tricoter un autre chandail afghan, aller marcher chaque matin).

Si vous écrivez les obstacles, vous les aurez identifiés et vous serez alors capable de les prévoir dans votre plan. Ces barrières sont importantes à considérer sur le papier. Une fois qu'ils sont écrits, ils ne semblent plus aussi difficiles à contourner.

Avec nos deux exemples, les listes devraient ressembler à ce qui suit :

Perdre du poids : obstacles

1.   Aucun de mes amis ne veut perdre du poids et je n'aime pas faire les choses toute seule.

2.   Je ne peux pas me permettre de fréquenter Weight Watchers ou un autre club de ce genre.

3.   Mon partenaire adore le chocolat et les friandises et il en laisse traîner partout.

4.   J'ai tellement de poids à perdre que je ne sais plus par où commencer.

Diriger un orchestre : obstacles

1.   Je suis gêné d'en parler à ma famille, ils vont penser que je suis fou.

2. Je ne sais pas par où commencer.

3. Les orchestres symphoniques n'ont pas le temps de s'intéresser à un idiot qui pense pouvoir diriger un orchestre.

4. Vous devez être un musicien de calibre international pour diriger un orchestre.

Maintenant que vous avez identifié les barrières, elles ne peuvent plus vous empêcher d'atteindre votre but. La prochaine étape vous motivera à les surmonter.

> Le **triomphe** consiste à surmonter les **obstacles**.

Étape 6 : **Identifiez les ressources dont vous aurez besoin**

Tout but qui vaut la peine d'être réalisé mérite que nous apprenions quelque chose de nouveau. L'apprentissage nous pousse à nous développer et à grandir d'une façon saine. Vous trouverez des ressources en visitant les bibliothèques, en rencontrant un spécialiste dans le domaine ou en prenant un cours. Allez-y, creusez !

> Notre plus grande **faiblesse** est de **laisser tomber**. La meilleure façon de **réussir** est de toujours **essayer une seule fois de plus**.
> THOMAS EDISON

Dans l'exemple de perdre du poids, vous pouvez trouver du support auprès des groupes de votre communauté, peut-être même gratuitement. Ou vous pouvez choisir Weight Watchers et vérifier les dates et l'heure qui vous conviennent. Ça ne fait jamais de tort d'aller à la bibliothèque et d'emprunter le livre de motivation qui vient de paraître !

Dans l'exemple de l'orchestre, renseignez-vous au sujet de l'horaire des répétitions et trouvez un moyen d'y assister. Vous pouvez chercher du côté de l'université, à la faculté de musique ou à l'école secondaire. Un membre de la faculté ou de l'école secondaire pourra vous aider à rencontrer le chef d'orchestre. Il connaît peut-être quelqu'un qui le connaît.

Étape 7 : **Identifiez les gens ou les groupes qui vous aideront à atteindre vos buts**

Écrivez les noms des gens que vous connaissez qui appuieront votre démarche. Choisissez trois ou quatre d'entre eux et confiez-leur vos plans et vos rêves. Demandez-leur s'ils acceptent de vous appuyer, si quelqu'un peut vous visiter une fois par semaine pour suivre vos progrès. Ils vous encourageront même si vous n'avez fait qu'un tout petit progrès au bout d'une semaine. Si vous faites déjà partie d'un groupe, demandez aux membres si vous pouvez compter sur eux et profitez de cette chance.

Étape 8 : **Établissez un plan et fixez un délai**

Comment planifier votre vie si vous n'avez pas de plan ? Le meilleur plan risque de s'envoler, *à moins de l'écrire.*

Pour vous rendre à un nouvel endroit, vous avez besoin d'une carte routière. Tracez votre but sur une carte comme s'il s'agissait d'un plan. Précisez les activités, l'horaire et les échéances. C'est crucial si vous voulez vous rendre à destination. Votre plan doit comprendre tout le travail que vous avez accompli au cours des étapes 1 à 7. Choisissez vos trois buts prioritaires. Sous chacun d'entre eux, écrivez les activités que vous allez commencer pour l'atteindre. Ensuite, écrivez l'horaire pour chacun et fixez un délai. Vous pouvez revoir et écrire le plan plusieurs fois.

> Ce qu'il y a de **formidable** dans ce monde n'est pas de savoir où nous sommes, mais **où nous allons.**
> OLIVIER WENDELL HOLMES

Le temps continue sa course avec ou sans buts. Établir des échéances est essentiel pour les accomplir. En fait, les buts ne sont rien d'autre que des rêves qui se réalisent.

Étape 9 : **Ayez une image claire de votre but**

Ayez une image claire de votre but comme si vous l'aviez déjà atteint. Rappelez-vous ce qu'a dit Billie Jean King à Martina Navratilova. À un stade critique de sa carrière, Navratilova

> Essayez de **visualiser** vos **idées** comme des **actions.**
>
> DAVID SEABURY

avait remporté tous les championnats de tennis international sauf Wimbledon. Elle est allée s'entraîner avec Billie Jean. Cette dernière lui a dit de penser comme si elle avait déjà remporté Wimbledon. Et savez-vous quoi ?

Visualisez votre but encore et encore jusqu'à ce qu'il soit enraciné dans votre esprit, au fond de l'œil ou de l'oreille. Faites-le jouer encore et encore comme un disque. Rappelez-vous, vous pouvez modeler votre propre vision de ce que vous voulez faire en vous voyant en train de le faire et en considérant que c'est déjà fait.

Étape 10 : **N'abandonnez jamais !**

Révisez votre plan avec détermination et persévérance. Ce sont les qualités les plus importantes pour obtenir le succès. Il est maintenant temps de prendre la résolution de ne jamais abandonner. Et c'est ici aussi que la discipline entre en jeu.

Votre persistance dans tout effort est à la mesure de votre croyance en vous : si vous croyez en vous, vous croyez en vos capacités, si vous croyez en vos capacités, vous croyez au succès. Et si vous croyez au succès, qu'est-ce qui vous arrête ?

Vous rappelez-vous Edison ? Rappelez-vous qu'il a persévéré malgré des milliers d'échecs. C'est lui qui a dit : « Le génie, c'est un pour cent d'inspiration et 99 pour cent de transpiration. » Ou comme Stephen Covey dit : « Croyez-y et vous le verrez. »

Dans l'étape 1, nous avons démontré l'importance de se fixer des buts particulièrement lorsque *vous avez tout votre temps.* Vous avez maintenant une meilleure compréhension de vous-même et de ce que vous valorisez le plus dans la vie. Vous avez identifié au moins un but personnel. Il s'agit peut-être même d'un but qui vous passionnera, un but qui vous paraissait un rêve des plus fous. Un but comme gravir l'Everest ou diriger un orchestre. Vous savez maintenant tous les merveilleux bienfaits d'atteindre votre but et les obstacles qui vous empêchent d'y parvenir. Rappelez-vous, le plus grand obstacle, c'est vous et les croyances négatives et les préjugés que vous entretenez à l'égard de ce que vous êtes capable d'accomplir.

Les sentiments négatifs et les préjugés sur l'âge sont les obstacles qui ont le plus de pouvoir parce qu'ils sont difficiles à identifier et à changer. Votre mère vous a-t-elle dit que la vie serait facile ? Plus vous travaillerez, plus vous éprouverez un sentiment d'accomplissement et de joie. Au cours de l'étape 2, nous irons au-delà du langage limitatif que vous avez l'habitude d'utiliser pour parler de vous et de ce que vous pouvez accomplir. Vous apprendrez un nouveau langage, celui du succès, en étant plus affirmé. Félicitations d'avoir fait les devoirs (ils sont à la page 57 avec l'atelier Se fixer un but)! À partir de maintenant, les devoirs seront présentés à la fin de chaque chapitre.

> Rien au monde ne saurait remplacer la **ténacité**. Ni le **talent** ; rien n'est plus répandu que le talent qui ne perce pas. **Ni le génie** ; il brille par son absence. **Ni l'éducation** ; le monde est rempli de rats savants. La **ténacité** et la **détermination** sont les remèdes les plus puissants.
> CALVIN COOLIDGE

Vous ne faites jamais un rêve sans avoir la force de le réaliser... Toutefois, vous devrez travailler pour le réaliser.
RICHARD BACH

La force de penser : au-delà des mots

En ce qui a trait à l'âge, le plus grand changement qui soit survenu dans la société n'a pas été une découverte fondamentale en génétique qui permettrait aux scientifiques de modifier le cours du vieillissement, mais plutôt la reconnaissance fondamentale de la force que nous avons de grandir et de transformer nos vies en vieillissant.

GENE COHEN

Échauffement

La congrégation d'une petite église en Angleterre décida un jour que la dalle qui servait de marche à l'entrée était devenue tellement usée par les années qu'elle devait être remplacée. Malheureusement il n'y avait pas assez de fonds pour payer ce travail. Puis quelqu'un eut l'idée brillante d'attendre quelques années avant de la remplacer.

Quelle était l'idée brillante ? Réfléchissez à la question et essayez de la résoudre par vous-même. Ensuite, allez voir la réponse à la page 232, dans « Questions et réponses ».

La force de penser

Ce chapitre a le pouvoir de changer votre vie. Nous l'intitulons « la force de penser » parce que le processus que nous allons décrire implique de remplacer les pensées négatives par des pensées qui fournissent la force et l'énergie dont vous avez besoin pour modeler votre esprit et accomplir vos buts, ou n'importe quoi d'autre auquel vous songez.

Au chapitre précédent, nous avons exploré la définition d'un but tout en glissant que les adultes ont souvent des réactions négatives et des vues limitées au sujet de ce qu'ils sont capables d'être et de faire au cours de leur vieil âge : ces réactions les empêchent de se fixer des buts ambitieux et d'atteindre leur plein essor. Des phrases courantes, teintées de pessimisme, comme « ma mémoire flanche », privent les gens de développer de nouveaux intérêts et de profiter pleinement de la vie.

> La **vie** n'est facile pour personne. Mais que faire ? Nous devons avoir de la **persévérance** et par-dessus tout avoir **confiance en soi**. Nous devons **croire** que nous sommes doués pour une chose, et **à tout prix l'atteindre**.
>
> Marie Curie

Lorsque vous élevez la critique au niveau de la pensée, vous vous donner le moyen d'entrer en action. Dans une certaine mesure, nous avons tous connu un proche qui soulignait nos bons traits lorsque nous étions très exigeants envers nous-mêmes, quelqu'un qui nous a toujours encouragés à faire mieux. Et si, par exemple, on autorise quelqu'un d'autre à jouer ce genre de rôle, c'est que l'on croit en cette personne, et qu'on lui fournira le support et les ressources dont elle a besoin, tout en reconnaissant sa contribution. Avec la force de penser, vous n'avez jamais à attendre que quelqu'un d'autre vous encourage, parce que vous serez capable de mobiliser nul autre que vous-même pour le faire.

La force de penser vous servira tout le reste de votre vie. Et lorsque vous l'aurez acquise, si vous ne l'avez pas déjà, vous verrez le vieil âge comme un miracle de la modernité et un privilège. Combien de fois avez-vous entendu quelqu'un dire : « Si j'avais plus de temps » ? Eh bien, vous l'avez maintenant, grâce au miracle de la longévité !

Certaines gens aiment le mot « force » et l'expression « avoir le plein pouvoir », et d'autres non. Certains ne les utilisent jamais. À partir de maintenant, nous vous demandons d'interrompre toute pensée négative si vous ne l'avez pas déjà fait, d'être ouvert et de considérer que ce que vous apprenez et accomplissez est le résultat du pouvoir de penser.

À l'instar de Marie Curie, une foule de gens célèbres dans l'histoire ont réalisé des exploits au cours de leur âge avancé. Étudiez la liste suivante :

Douze exploits

Ces gens avaient le pouvoir de penser. Ils croyaient qu'ils pouvaient réaliser de grands exploits et ils y sont parvenus malgré leur âge avancé.

1. À l'âge de 100 ans, Grandma Moses peignait.

2. À 94 ans, Bertrand Russell était dans le mouvement international pour la paix.

3. À 93 ans, George Bernard Shaw écrivit la pièce *Farfetched Fables*.

4. À 91 ans, Eamon de Valera était président de l'Irlande.

5. À 91 ans, Adolph Zukor était président de Paramount Pictures.

6. À 90, Pablo Picasso dessinait et imprimait des gravures.

7. À 89 ans, Artur Rubinstein donna un de ses plus célèbres concerts au Carnegie Hall.

8. À 89 ans, Albert Schweitzer dirigeait un hôpital en Afrique.

9. À 88 ans, Michel-Ange dessinait les plans de l'église Santa Maria degli Angeli.

10. À 88 ans, Konrad Adenauer était chancelier en Allemagne.

11. À 85 ans, Coco Chanel était à la tête de sa propre compagnie de prêt-à-porter.

12. À 80 ans, George Burns remporta un trophée de l'Académie pour son rôle dans *The Sunshine Boys*.

Au cours de ce chapitre, nous vous sensibiliserons aux mythes et stéréotypes qui sont profondément incrustés dans les esprits et les cœurs des gens de tous les âges. Des mythes négatifs, intériorisés comme des croyances négatives, empêchent les gens de profiter pleinement de la vie et d'offrir ce qu'ils ont de meilleur à la société. Les mythes empêchent les gens de rêver et de réaliser leurs rêves. Nous commençons par nommer les mythes négatifs. Ensuite, nous soupesons les hypothèses et les croyances pour voir ce qu'elles valent au juste. Nous vous donnerons les outils nécessaires pour éliminer les limites. La pensée critique vous aidera à remplacer les anciennes croyances par des idées positives qui reflètent une nouvelle conscience, ou une vision éclairée de l'âge et de vieillir.

Les étapes suivantes vous serviront de guide :

1. Ce qui est nouveau à propos de l'âge

2. La durée de votre vie

3. Identifier les croyances négatives

4. Un nouveau vieil âge

5. Âgisme négatif et positif

6. Conséquences de l'âgisme

7. Recherches sur l'âgisme

8. Remplacer les vieilles croyances par de nouvelles idées

10. La pensée critique

11. Suppositions cachées

12. La force de penser

13. Remise en question des hypothèses par la pensée critique

14. Cinq étapes pour défier votre esprit

15. Proverbes pour vieillir en santé

Commençons par regarder ce qui est nouveau au sujet de vieillir et les raisons de considérer qu'il s'agit d'une occasion, d'un cadeau de la vie, d'un temps pour continuer à étudier, à enrichir vos connaissances et à approfondir votre expérience des bonnes choses et de ce que vous chérissez le plus.

> *Je crois que l'on peut ralentir et transformer le processus de vieillir tel que nous le connaissons. Je pense qu'il est possible de devenir plus énergique et plus beau en vieillissant, plutôt que moins. Alors laissons tomber les vieilles règles et les vieilles limites et commençons à expérimenter un jour à la fois les merveilles d'une vie illimitée, d'un monde illimité, d'un univers illimité.*
>
> SHAKTI GAWAIN

Quoi de neuf à propos de vieillir?

Vous avez probablement déjà entendu cette phrase et vous allez souvent l'entendre encore. Trente années ont été ajoutées à la durée moyenne de la vie au cours du siècle dernier et il existe des signes, selon la recherche, indiquant que nous pourrons vivre jusqu'à 120 ans à l'avenir. La longévité est le seul exploit marquant du XXᵉ siècle. Il est d'autant plus opportun d'en explorer les conséquences sur les populations vieillissantes dans le monde entier. Notre but dans ce livre est de vous convaincre que peu importe votre âge et vos croyances, vous pouvez continuer à vous améliorer, à garder votre esprit en forme et profiter de la vie plus que vous n'en avez jamais rêvé. C'est à des kilomètres du portrait que trace le petit-fils de Papi et Mamie vivant dans une roulotte en Arizona.

> L'épreuve du siècle
> Savez-vous ce qui est
> le plus difficile?
> Le matin au réveil, êtes-vous encore curieux
> de savoir ce que vous
> allez faire?
> DAVID HALBERSTAM

Mes vacances scolaires avec Papi et Mamie

Nous passons toujours nos vacances avec Papi et Mamie. Ils vivaient avant dans une maison en brique mais Papi a pris sa retraite et ils ont déménagé en Arizona. Ils vivent dans un parc avec beaucoup d'autres gens attardés. Ils vivent tous dans des huttes de métal. Ils ont un tricycle qui est trop gros pour moi. Ils vont tous dans un bâtiment qu'ils appellent le vieux manoir même s'il a l'air neuf. Ils font tous de l'exercice, mais pas très bien. Ils jouent à un jeu qui ressemble à un échiquier sur lequel ils poussent les pièces à l'aide de bâtons. Il y a une piscine mais personne ne leur enseigne à nager: ils restent dans l'eau avec leurs chapeaux sur la tête. Mamie avait l'habitude de faire des biscuits, mais ici personne ne fait la cuisine. Ils vont tous au restaurant rapide où ils paient moins cher. Au parc, il y a une maison de poupée avec un homme assis dedans. Il les surveillent toute la journée et ils ne peuvent pas sortir sans qu'il les voie. Je suppose que tout le monde oublie son nom. Ils portent tous une étiquette avec leur nom écrit dessus. Il y en a qui n'entendent pas très bien. Ils entendraient mieux s'ils enlevaient les bouchons qu'ils ont dans les oreilles. Mamie dit que Papi a travaillé très dur toute sa vie pour retirer sa pension. J'aimerais qu'ils reviennent à la maison. Je pense que l'homme dans la maison de poupée ne les laissera pas sortir.

Le cadeau de votre vie

C'est excitant d'être vivant et de vieillir. Dans un sens, c'est « in » d'être vieux. Tout le monde veut être un aîné. On offre partout des rabais aux aînés. En fait, les aînés ont des rabais sur presque tous les articles une fois qu'ils ont atteint 55 ans. Les gens ont toujours menti à propos de leur âge parce qu'ils voulaient les privilèges qui vont avec l'âge. À 16 ans, vous pouvez conduire une auto ; à 18 ou 19 ans (ou 21 ans, selon le lieu où vous vivez), vous pouvez consommer de la bière en public ; à 50 ans, vous pouvez être membre d'un centre pour les aînés et étudier à peu près n'importe quoi ; à 60 ans, vous pouvez étudier à l'université gratuitement ou à prix réduit. Les aînés ont la vie facile, et les gens affirment souvent être plus vieux qu'ils le sont pour profiter des avantages.

La plupart des gens veulent les avantages mais n'aiment pas vraiment admettre qu'ils ont atteint l'âge pour les avoir. Y a-t-il quelqu'un qui désire avoir 75, 85 ou 95 ans ? C'est une énigme. Considérez les faits suivants :

Avez-vous réalisé que ...

- Si vous avez 10 ans et moins, vous êtes tellement emballé à l'idée de vieillir que vous exprimez votre âge en fractions. Quel âge as-tu ? « J'ai quatre ans et demi. » On ne dit jamais « 36 ans et demi », mais on entend souvent : « J'ai 4 ans et demi, presque cinq ! »

- Vous êtes maintenant un adolescent et personne ne va pas vous retenir de le dire. Vous sautez au chiffre suivant. Quel âge as-tu ? « Je vais avoir seize ans. »

- Puis quelque chose de vraiment important vous arrive. Vous avez 21 ans. Mêmes les mots sont solennels. Tu vas avoir 21 ans...

- Vous avez 21 ans, vous approchez de la trentaine, puis vous poussez jusqu'à 40 ans... Et vous atteignez 50... Puis vous réussissez le 60. Ouf ! Je ne pensais pas y arriver. Et vous poursuivez votre course et frappez 70 ans ! Par la suite, c'est un jour à la fois. Après cela, vous arrivez à mercredi...

- Vous avez 80 ans, vous frappez l'heure du déjeuner. Ma grand-mère n'achète pas de bananes vertes. « Eh bien, dit-elle, c'est peut-être un mauvais investissement ! »

- Et ça ne finit pas là. Après 90 ans, vous commencez à reculer. Je n'avais que 92 ans.

- Puis une chose étrange arrive. Si vous franchissez l'âge de 100 ans, vous redevenez un petit enfant ! « J'ai cent ans et demi ! »

Identifier les croyances négatives

Au fond d'eux-mêmes, les gens sont terrifiés à l'idée de vieillir. Quels sont les mythes et les images du vieil âge qui empêchent les gens d'être au meilleur de leur forme jusqu'à la fin ? Examinons un article de journal qui a paru récemment. Il s'agit d'identifier les stéréotypes et les croyances négatives qui appuient ces stéréotypes. Les mythes, par définition, sont des croyances répandues qui ne sont tout simplement pas fondées. Quels sont les mythes et les suppositions dans l'article suivant ? Quelles sont les croyances négatives et non-dites qui s'en inspirent ? Quelle est la preuve qu'elles ne sont pas vraies ?

J'ai emmené mes enfants à Disney World mais ils ont raté le défilé. La place était bondée de vieux. Tout ce que mes enfants ont vu c'était des bermudas et des varices. Si vous n'êtes jamais allés en Floride, préparez-vous à affronter le monde des chauffeurs aux facultés affaiblies. Partout où vous regardez, il n'y a que des vieilles dames rabougries et des hommes flétris, aux cheveux teints de couleur acajou, épiant par-dessus leur volant... Je suis écoeuré des vieux. Je suis fatigué de leur grosses lunettes fumées. Je suis surtout fatigué de financer des morts-vivants qui se répandent comme des champignons. Au cours des 15 dernières années, le revenu des aînés a augmenté plus rapidement que celui de tous les autres groupes d'âge. La pension et les avantages sociaux constituent en moyenne 46 % des revenus des hommes de 65 ans et plus. Ça, c'est ce qu'on appelle un abonné du bien-être social... Les aînés sont les plus militants des parasites et ils veulent s'assurer que personne ne les pousse du coude sur la voie publique ni ne leur enlève la première place... Lorsque vous entendez un vieux maugréer au-dessus d'un café à rabais au sujet du déficit ou des voyous sur le chômage, dites-lui qu'il peut rendre un vrai service ... Crève tout de suite... Je dis qu'il faut les refroidir lorsqu'ils atteignent 75 ans.. Les temps sont durs, nous répètent constamment les vieux. Alors, il faut des décisions dures. Refroidissez-les. Refroidissez-les tout de suite alors que nous en sommes encore capables.

Qu'en pensez-vous ? Est-ce vrai ? Ou si l'auteur plaisantait ? D'où tire-t-il ces images ? Avant de réagir à cet article, récapitulons brièvement l'histoire du vieil âge et de l'âgisme, un thème central dans le domaine de la gérontologie. En bref, l'âgisme est la manifestation dans le langage des croyances et des attitudes négatives à l'endroit des gens âgés. Nous allons survoler les 40 dernières années pour comprendre l'âgisme et considérer si la société fait des progrès et vient à bout des mythes et des stéréotypes. Nous commençons une nouvelle ère, mais accepte-t-on vraiment le vieil âge ?

Avant de revenir sur ce qui est nouveau au sujet de vieillir et comment nous pouvons intégrer cette nouvelle réalité dans nos vies en tant que personnes vieillissantes dans un monde vieillissant, nous allons vous donner une plus nette appréciation de l'histoire. Une perspective historique jette de la lumière sur le présent... et sème de l'espoir pour l'avenir.

Notre conception de l'âge et de ce que signifie être vieux évolue constamment. Pour vous placer dans un cadre historique, nous aimerions que vous considériez ce qui a changé depuis 1918 :

- La durée de la vie en Amérique du Nord était d'environ 47 ans.
- Seulement 14 pour cent des foyers en Amérique du Nord avaient une baignoire.
- Seulement 8 pour cent des maisons avaient le téléphone.
- La limite de vitesse dans la plupart des villes était de 16 kilomètres à l'heure.
- La plus haute tour du monde était la tour Eiffel.
- Plus de 95 pour cent des naissances avaient lieu à la maison.
- Le sucre coûtait 8 cents le kilo. La douzaine d'œufs coûtait 14 cents. Le café coûtait 30 cents le kilo.
- La plupart des femmes ne se lavaient les cheveux qu'une fois par mois.
- Les cinq premières causes de mortalité en Amérique du Nord étaient :
    1. Pneumonie et grippe
    2. Tuberculose
    3. Diarrhée
    4. Maladies du cœur
    5. Embolie
- Le tir au fusil était en vogue. Les adolescents galopaient dans les rues et tiraient à bout portant sur les maisons, sur les attelages et sur tout ce qui bougeait. C'était un problème qui sévissait à Denver et dans d'autres cités dans l'ouest des États-Unis.

- Le plutonium, l'insuline et les antibiotiques n'avaient pas encore été découverts. Le sparadrap, les mots croisés, la bière en cannette et le thé glacé n'avaient pas encore été inventés.

- Il n'y avait pas de Fête des mères ni de Fête des pères.

- Un adulte sur 10 ne savait ni lire ni écrire en Amérique du Nord. Seulement 6 pour cent de tous les Américains avaient un diplôme d'école secondaire.

- Les autorités américaines prévinrent les professionnels de la couture que leurs employés étaient susceptibles de devenir excités sexuellement par le rythme régulier de la pédale de la machine à coudre. Ils recommandèrent d'ajouter du bromure dans l'eau pour diminuer le désir sexuel.

- La marijuana, l'héroïne et la morphine étaient offertes dans les pharmacies de quartier. Un pharmacien de l'époque annonçait que « l'héroïne éclaircit le teint, donne de l'entrain à l'esprit, régularise l'estomac et les intestins. Un bon produit pour la santé en général. »

- Le Coca-Cola contenait de la cocaïne au lieu de la caféine.

Le temps est venu de revoir la signification du vieil âge. Au cours du XXe siècle, la science médicale a réussi à prolonger la vie humaine de plus de 20 ans, mais nous n'avons pas de rôle à jouer durant ces 20 ou 30 années de plus. Au cours des années 1960 et 1970, les démographes prédisaient d'un ton sinistre la grisaille américaine. Ils voyaient en général les gens âgés comme des êtres passifs, dépendants et ne contribuant pas à la société, et ils mirent tout le monde en garde contre l'inévitable accroissement du fardeau sur la société et des soins à donner à un nombre astronomique de vieilles personnes. Durant ces deux décennies, la gérontologie se développa comme science et profession.

Aujourd'hui, la population de têtes blanches dans les pays développés est une réalité. L'American Association of Retired

People (AARP) compte 33 millions de membres. C'est la deuxième organisation regroupant le plus grand nombre de bénévoles aux États-Unis. Les organisations représentant les gens âgés se multiplient dans le monde. Les chiffres ne sont pas étonnants, mais personne n'a prévu le nouveau visage du vieil âge.

Alors que les statistiques augmentaient, une deuxième révolution tranquille s'amorçait. Le visage de la vieillesse changeait et une nouvelle race de l'Homo sapiens apparaissait. Ceux qui apprirent à connaître les vieux découvrirent qu'ils étaient beaucoup plus vifs et intéressants qu'ils ne l'avaient cru. Ceux qui écoutèrent le récit de leur vie s'émerveillaient de leur courage, de leur créativité, de leur passion, et de leur profonde compréhension de la nature humaine et du sens de la vie. Les gens âgés qui étaient jadis ordinaires, ni riches ni dominants, semblaient désormais exceptionnels et extraordinaires. Comme cette femme qui gravit l'Everest à 80 ans. Et cet Afro-Américain de Louisiane qui apprit à lire à 94 ans. Et l'étudiant des Premières Nations du nord-ouest du Pacifique qui termina son école secondaire à 94 ans. La femme qui, devenue aveugle à l'âge de 80, apprit en six mois à se servir d'un clavier et publia son premier livre à 92 ans, tout en ayant quatre autres en chantier. La femme qui, à 80 ans, fut violée et battue dans son logement avant de déménager dans une maison de soins de santé à haute sécurité et entreprit une campagne pour la sécurité publique des aînés.

En dépit de ces changements, les mythes et les préjugés sur le vieil âge demeurent vivaces, vestiges d'une réalité qui n'existe plus. Aveuglées par des préjugés âgistes, plusieurs personnes ne reconnaissent pas la sagesse et la force des gens qui sont plus âgés, reniant une infinité de possibilités en chacun de nous. Il n'est pas étonnant de voir autant de gens à la retraite dire qu'ils se sentent invisibles. On ne les considère pas comme des individus mais seulement comme des vieilles personnes.

Non seulement les stéréotypes âgistes meurent difficilement, ils servent à justifier les prophètes de malheur, en majorité des gens âgés. Les gens apprennent comment devenir vieux en regardant les autres gens devenir vieux, ce qui limite gravement les possibilités de croissance et de productivité. Le défi est de reconstruire le sens du vieil âge, de voir le vieillissement de la société comme un triomphe sans précédent, et d'envisager les possibilités de croissance et de productivité encore inconnues dans l'histoire de l'humanité. Il est temps de secouer la tête et d'adopter une autre position.

Un nouveau vieil âge

Le sujet du vieil âge a toujours été teinté d'ambivalence. La plupart des gens éprouvent de la compassion pour les vieux mais l'image de leur propre vieillesse n'en est que plus réduite. Tout le monde aime Mamie, mais peu rêvent de devenir comme elle. L'âgisme est insidieux dans plusieurs sociétés, subtil et pervers, affectant non seulement les aînés mais tous les membres de la société. Cependant, on ne reconnaît pas ce fait et on n'en parle pas. Aller au-delà des stéréotypes, positifs ou négatifs, nécessite un changement fondamental, celui de ne plus voir les vieux comme étant le problème, mais de les voir comme étant capables d'aider les jeunes générations à comprendre les véritables problèmes et de travailler ensemble à développer des solutions créatives.

Les lunettes de Mamie

Un petit garçon dit à son compagnon de jeu : « Lorsque je serai plus vieux, je veux porter des lunettes comme celles de Mamie. Ce sont des lunettes qui lui permettent de voir beaucoup plus loin que la plupart des gens. Elle peut voir comment réparer beaucoup de choses et s'amuser, et elle voit si je fais quelque chose de bien ou de mal. Elle voit quand je suis triste et elle voit ce qu'il faut faire pour que je me sente mieux. Un jour je lui ai demandé comment elle fait pour être aussi bonne. Elle a dit que c'était simplement la façon dont elle avait appris à regarder les choses en vieillissant. Lorsque je deviendrai vieux, je veux une paire de lunettes comme celles de Mamie pour bien voir, moi aussi.

TIRÉ DE THE WAR CRY

Comment décrire la majorité des vieux d'aujourd'hui ? On les perçoit généralement comme des gens en meilleure santé, mieux instruits et plus riches. Par ailleurs, on estime que cette population grandissante aura besoin de poursuivre son éducation et de faire du bénévolat ou trouver du travail une fois qu'auront diminué les responsabilités familiales. Ce groupe a généralement de l'argent et de l'éducation pour veiller sur ses propres besoins. Plusieurs ne veulent pas vieillir et choisiront la haute technologie pour les aider à rester jeunes à jamais. L'argent n'est pas le problème, le véritable problème est de vieillir.

Que signifie être « vieux » dans une société qui célèbre la jeunesse ? Lisez ce qui suit :

« Vieux », c'est quand votre douce moitié vous dit : « Montons à la chambre et faisons l'amour », et que vous lui répondez : « Chérie, je ne peux faire ni l'un ni l'autre ! »

« Vieux », c'est quand un belle fille éveille vos fantasmes et que votre stimulateur cardiaque ouvre la porte du garage.

« Vieux », c'est quand votre épouse sort et qu'il vous importe peu de l'accompagner.

« Vieux », c'est quand c'est le médecin qui vous avertit de ralentir et non la police.

« Vieux », c'est trouver votre auto dans le stationnement en guise de chance.

« Vieux », c'est quand « faire sa nuit » signifie ne pas se lever pour aller uriner.

Âgisme négatif et positif

Alors que la société commence à reconnaître que les gens âgés ont beaucoup à donner, nous devons être conscients que l'âgisme positif est aussi limitatif que les attitudes négatives. Au cours d'une étude qu'il a poursuivi à la Cité universitaire de New York, le chercheur John Bell a examiné les images des aînés que l'on projette à la télévision : les aînés sont puissants, riches, physiquement et socialement actifs, intelligents, admirés par les autres, sexuellement attrayants mais pas sexuellement actifs, et ils ne règlent pas de vrais problèmes. Ses découvertes contrastent avec les traits que l'on relevait chez les adultes âgés avant les années 1980. On les décrivait rarement comme des êtres intelligents, attrayants, actifs ou séduisants.

On laisse entendre ainsi tous les gens âgés se portent bien, sont en santé et capables de prendre soin d'eux-mêmes. Auparavant, l'avenir ne promettait pas de châteaux en Espagne mais l'âgisme positif devient un problème tout aussi grave que l'âgisme négatif parce qu'il a un grand nombre de conséquences négatives pour les individus et la société.

Conséquences de l'âgisme

Les sociétés continueront de souffrir des conséquences de l'âgisme positif et négatif jusqu'à ce que chaque personne ait l'occasion légitime de se développer sur le plan personnel et ait droit à l'implication active au-delà de l'âge traditionnel de la retraite. L'âgisme entraîne la perte de l'estime de soi, du travail, de la confiance en soi, et le déclin physique et mental. Ces reculs sont exacerbés par les pressions économiques exercées sous forme de coupures dans les budgets gouvernementaux, et l'attention du public est rivée sur le coût des soins de santé et les autres avantages réservés aux aînés. Le prix le plus élevé est toutefois rarement mentionné : nous gaspillons les capacités de productivité et de créativité de millions de gens âgés qui prennent leur retraite parce qu'ils ont atteint 65 ans.

L'âgisme est insidieux dans plusieurs société, subtil et pernicieux, affectant non seulement les aînés mais aussi tous les membres de la société. Cependant on ne le reconnaît pas et on n'en parle pas. Pour dépasser les stéréotypes positifs ou négatifs, il est nécessaire de changer fondamentalement la façon de voir les vieux comme étant « le problème » pour les voir plutôt comme des êtres capables d'aider les jeunes générations à comprendre les véritables problèmes et à développer des solutions créatives.

Le premier défi consiste à développer un enjeu social légitime pour ceux qui ont 20 ou 30 ans de plus que les autres. C'est un défi collectif que nous devons tous relever en tant que société. Et c'est un défi pour chacun d'entrevoir la possibilité de vivre très vieux. Avez-vous une mission, un rôle ou un but qui donnera un sens à votre vie au cours des prochains 10, 20 ou 30 ans ? Sinon, comment allez-vous créer un rôle pour vous-même ?

Étant donné que les gens les plus riches ont 50 ans et plus, une cohorte d'adultes âgés semble avoir les moyens et les ressources pour assumer leur vieillesse. Dans plusieurs pays dans le monde, les politiciens invoquent un agenda chargé et présument que ce groupe assumera tout aussi bien le fardeau de la société économiquement parlant et financièrement, tout en prenant soin du nombre encore plus grandissant de gens âgés et frêles. Le nouveau visage de la vieillesse crée des stéréotypes positifs L'image la plus répandue en Amérique est celle qui représente des gens en santé et actifs, passant leur temps à jouer au golf, à faire des croisières luxueuses et à fréquenter les restaurants de haute gastronomie. Imagine-t-on vraiment qu'ils soient préparés à prendre soin des autres qui ne sont pas aussi fortunés ? Par ailleurs, peut-on vraiment croire que les gens âgés veulent passer le reste de leur vie à seulement chercher le confort ?

La recherche sur l'âgisme

Jusqu'à la fin du XXe siècle, on trouve des recherches plus encourageantes qui indiquent que nous progressons. Certes, nous avons pris conscience des problèmes et nous les comprenons mieux. La situation des femmes âgées semble plus compliquée en raison du sexisme et plusieurs invoquent cette raison pour prétendre qu'elles souffrent moins de l'âgisme que les hommes. En d'autres mots, l'apparence est plus importante pour les femmes que pour les hommes. Une étude effectuée par Patricia

> Les femmes de 70 ans et plus avaient **trois** noms différents selon leur classe. Toutes celles que j'ai connues s'appelaient la chère **vieille âme**, la vieille femme ou la vieille sorcière.
>
> SAMUEL TAYLOR COLERIDGE

Sharpe, de l'université du Texas à Austin, intitulée *Older Women and Health Services : Moving from Agism Toward Empowerment indique que l'âgisme et le sexisme* dans les services de santé et de la recherche affectent la qualité des soins, l'interaction avec la patiente, la perception qu'a la patiente d'elle-même et la planification des programmes en éducation de la santé pour les femmes âgées. La recherche actuelle se consacre au processus de la maladie et néglige l'expérience subjective des femmes âgées. On discute des changements au niveau organisationnel dans la communauté et chez l'individu, et de promotion de l'autonomie et du pouvoir des femmes âgées.

Une étude effectuée par Amanda Smith-Barusch, de l'université de l'Utah, consistait à vérifier jusqu'à quel point les femmes âgées à faible revenu se décrivent en termes négatifs et révèle les stratégies qu'elles utilisent pour préserver leur estime de soi. Au lieu de se considérer comme « vieilles » et « pauvres », elles se définissent comme « fortunées » ou « ayant de la chance ». L'auteure suggère que la capacité de se voir heureuse peut être un élément pour vieillir avec succès. En d'autres mots, elles avaient une attitude optimiste (voir l'étape 4).

Amanda Smith-Barush explore la littérature sur le thème de « la vieille ratatinée » d'un point de vue féministe. Vieille, harpie et sorcière sont des mots à connotation négative dans la société moderne occidentale, qui nourrissent les stéréotypes négatifs de la « vieille femme ». Les érudites féministes en particulier ont exprimé le besoin de produire des images valables du corps des femmes âgées pour corriger la « vieille » dans les représentations culturelles dont les femmes âgées ont été effacées. Rappelez-vous la phrase « se réunir entre vieilles copines ». Cette expression avait un sens non péjoratif et faisait allusion aux réunions entre des amies de longue date, et avait son équivalent chez les hommes. Plus récemment, la tradition est ressuscitée et se pratique comme un rite de passage à connotation positive chez les femmes qui parviennent à la soixantaine.

Kimberley Sieber, une chercheure qui a son point de vue sur la longévité, s'est concentrée sur l'image de soi. Elle a comparé l'estime de soi et l'image de soi en fonction du rôle exercé par chacun (soit comme mère, étudiant ou grand-père) dans un groupe composé de 210 hommes et femmes appartenant à des groupes d'âge différents : jeune, moyen et âgé. Les résultats de son étude révélaient qu'il n'y avait pas de différence dans l'estime de soi selon l'âge et le sexe. Toutefois, en comparaison avec les jeunes, les adultes âgés avaient la ferme conviction d'être bons et vertueux et d'être capables d'accomplir des tâches. Chez les hommes en général, l'estime de soi et l'image de soi sont associés à des exploits alors que l'estime de soi chez les femmes est plus souvent associée aux relations sociales. Finalement, cette étude explore les liens entre l'idée que l'on se fait de soi et les changements dans la vie : avoir un revenu moindre, une faible santé, et connaître le deuil ou la perte, comme la mort du conjoint, le divorce, la retraite. En général, la perte de revenu, de la santé, de l'époux ou du travail était différente pour chaque individu, ce qui laisse entendre que l'idée que l'on se fait de soi peut être modifiée en réponse aux changements de la vie.

Irek Celejewski et Karen Dion ont étudié la perception de soi chez les adultes âgés et chez les jeunes adultes en étudiant les questionnaires que l'on avait soumis à un groupe composé de 101 étudiants de niveau collégial, âgés de 18 à 29 ans, et à un groupe de 68 adultes, âgés de 61 à 94 ans. Tel qu'attendu, les adultes âgés évaluaient les personnes âgées plus favorablement que les jeunes adultes. De plus, les résultats de l'évaluation de la perception de soi chez les adultes âgés étaient plus forts que les notes accordées par les répondants qui évaluaient un adulte âgé qu'ils ne connaissaient pas, et qui provenaient de jeunes adultes à qui l'on avait demandé de s'imaginer en personne âgée.

Dans une étude des journaux à grand tirage aux États-Unis, K.E. McHugh, de l'université de l'Arizona, examine la vision du vieillissement qu'ont les hommes. Il évalue et critique l'image de la personne « sans âge », et souligne que l'expression laisse entendre ce qui paraît être un « vieillesse réussie », ciblant les activités du Arizona Office of Senior Living (OSL) et les efforts publics et privés de promotion de l'Arizona comme paradis idyllique pour adultes âgés actifs et riches. Le concept de la personne sans âge apparaît au milieu de la vie. Nulle part ailleurs que sous le soleil l'image de la personne sans âge n'est plus apparente (et transparente) que dans les communautés de retraités où des adultes âgés, actifs et riches vivent dans un état perpétuel de béatitude. Le concept de la personne sans âge, qui se propose comme un correctif aux stéréotypes négatifs du vieil âge, est lui-même agiste dans ce sens qu'il flatte la vision de continuité et de cohérence qu'ont d'elles-mêmes les personnes d'âge moyen et révèle peu sur le changement et sur ce que signifie devenir vieux. De plus, cela reflète des attitudes sociales profondément enracinées et véhicule des valeurs culturelles qui endossent l'image d'une classe moyenne où il n'y a que des adultes âgés beaux, en santé et à l'aise, et qui coulent leur jours au soleil.

Le phénomène est-il propre à l'Amérique du Nord ? Et les autres pays ? Et les autres cultures ? Nous avons tendance à croire que les autres cultures respectent les aînés. Peter Oberg, de l'université du Minnesota, explore l'image du corps chez les hommes et les femmes en Europe, en se basant sur une étude de 2002 Suédois, âgés de 20 à 85 ans. En comparaison avec les hommes, les femmes valorisent de plus en plus leur apparence et se soucient des changements de leur corps en vieillissant, mais la majeure partie d'entre elles sont satisfaites de leur corps. Une interprétation veut que les images négatives dans les médias suscitent l'inquiétude au sujet des changements reliés à l'âge, mais ces inquiétudes ne correspondent pas à l'expérience actuelle.

Becca Levy, de l'université Yale, a comparé les images de la vieillesse au Japon, aux États-Unis et en Chine. Elle estime que la réserve proverbiale des Japonais est une défense contre les stéréotypes négatifs du vieillissement. L'étude a montré que les aînés japonais expriment plus d'attitudes négatives envers les vieilles personnes en général, mais ont une vue d'eux-mêmes plus positive que les aînés de la République de Chine et des États-Unis. Les données recueillies auprès de résidants en milieu urbain de ces trois pays (total = 150, âgés de 15 à 90 ans) suivent également ce modèle. La dynamique inhabituelle du vieillissement et de l'identité de soi, telle que notée au Japon, semble nous éclairer sur le rôle que chacun exerce en acceptant ou en rejetant les stéréotypes sociétaux sur la vieillesse.

En Australie, Victor Minichiello et ses collègues de l'université de New England ont mené une étude approfondie sur des adultes âgés (de 65 à 89 ans) vivant en milieu rural et urbain: ils ont examiné les perceptions et les conséquences de l'âgisme. Les participants ont répondu aux questions ayant trait à la (a) signification du mot âgisme, (b) ce qui constitue l'âgisme, (c) leur expérience de l'âgisme, (d) leur perceptions des attitudes sociales envers les gens âgés, et (e) leur point de vue personnel et leur expérience de devenir vieux. Plusieurs participants ne comprenaient pas ce mot et ne l'avaient jamais utilisé, mais ils n'ont pas décrit d'expériences négatives, ni signalé avoir été vus comme des vieux ou traités de vieux.

Être actif était vu comme une façon de se présenter et de se percevoir en soi comme une personne n'appartenant pas au groupe des « vieux ». Les participants reconnaissaient que le groupe de gens plus âgés qui expérimente un traitement négatif est celui qui a le moins accès au transport en commun et au logement, qui n'a que de faibles revenus, se voit forcé de prendre sa retraite et reçoit des soins inadéquats à la maison. Alors que peu d'entre eux ont connu l'âgisme ouvert, leurs interactions quotidiennes impliquaient un traitement négatif et, à l'occasion, du « sâgisme » positif (telles que des attitudes de fausse déférence). Plusieurs participants ont remarqué que les autres ont tendance à « surveiller », à « contrôler » des adultes plus âgés en cherchant des signes de « vieillesse précoce ». Des professionnels de la santé étaient une source majeure de traitement âgiste. Des découvertes indiquent que certains adultes plus vieux s'accommodent de l'âgisme, alors que d'autres créent activement de nouvelles images du vieillissement pour eux-mêmes et pour ceux qui seront vieux à l'avenir.

La plus intéressante recherche, selon nous, a des applications directes sur les capacités mentales. Il s'agit de l'étude de Becca Levy sur l'effet de l'âgisme sur la santé mentale. Cette recherche montre que les stéréotypes activés de façon subliminale peuvent modifier le jugement que l'individu pose sur lui-même et sur ses aptitudes. Au cours de la première étude, une intervention qui activait des stéréotypes positifs de la vieillesse à l'insu des participants améliorait la performance de la mémoire, l'autonomie de la mémoire et la notion de vieillir chez les individus plus âgés. En contraste, une intervention qui activait les stéréotypes négatifs associés à la vieillesse avait tendance à perturber la performance de la mémoire, la mémoire autonome et la notion de vieillir chez les plus vieux participants.

Une seconde étude montrait la puissance des stéréotypes émergeant au cours de la substitution et que les stéréotypes devaient revêtir une grande importance pour l'image que se fait l'individu de lui-même. Des jeunes gens choisis au hasard furent soumis aux mêmes conditions que les participants de la première étude et ne montrèrent pas des réactions aussi significatives que celles qui émergeaient chez les participants plus âgés. Cette recherche met en lumière le potentiel d'amélioration de la mémoire chez les individus plus âgés lorsque les stéréotypes négatifs sont remplacés par des stéréotypes positifs. En fait, tout ce que nous avons à faire, c'est de remplacer les stéréotypes âgistes par des stéréotypes positifs pour obtenir un résultat positif. Voilà de bonnes nouvelles ! Comme c'est excitant !

La plus récente étude de Becca Levy explore comment les pensées, les sentiments et les comportements envers les aînés semblent apparemment se glisser dans notre esprit et indique qu'à son insu, chacun intègre le stéréotype de l'âge qui flotte dans sa culture. Elle fait référence à l'âgisme comme au « péril en la demeure » parce qu'il agit à l'insu de tous et a des effets puissants sur les adultes âgés eux-mêmes et sur plusieurs aspects de leurs vies. « Les stéréotypes reliés à l'image de soi peuvent influencer les individus plus âgés » et affecter, par exemple, leur fonction cardiovasculaire sans qu'ils en aient conscience.

Les stéréotypes sont si répandus et si destructeurs dans la société nord-américaine qu'Erdman Palmore, de l'université Duke, a entrepris une nouvelle étude sur l'âgisme. Son but est de rendre les gens plus conscients des multiples formes que peut prendre l'âgisme que tous peuvent perpétuer et subir. Avez-vous déjà vécu une des situations suivantes ?

Enquête sur l'âgisme

1. On m'a raconté une blague tournant en dérision les gens âgés.

2. J'ai reçu une carte d'anniversaire qui se moquait des gens âgés.

3. On m'a ignoré ou on ne m'a pas pris au sérieux à cause de mon âge.

5. On a été condescendant avec moi ou on m'a injurié à cause de mon âge.

6. On a refusé de me louer un logement à cause de mon âge.

7. J'ai eu de la difficulté à emprunter de l'argent à cause de mon âge.

8. On m'a refusé un poste de chef à cause de mon âge.

9. On m'a rejeté, en me signifiant que je n'étais pas séduisant à cause de mon âge.

10. On m'a traité avec moins de dignité et de respect à cause de mon âge.

11. Une serveuse ou un garçon de table m'a ignoré à cause de mon âge.

12. Un médecin ou une infirmière a prétendu que mes maux étaient causés par mon âge.

13. On m'a refusé un traitement médical à cause de mon âge.

14. On m'a refusé un emploi à cause de mon âge.

15. On m'a refusé un meilleur poste à cause de mon âge.

16. Quelqu'un a prétendu que je ne pouvais pas bien entendre à cause de mon âge.

17. Quelqu'un a prétendu que je ne pouvais pas comprendre à cause de mon âge.

18. Quelqu'un m'a dit : « Tu es trop vieux pour ça. »

19. J'ai été la victime d'un acte criminel à cause de mon âge.

Seules les formes négatives de l'âgisme ont été utilisées afin de simplifier l'enquête. Les découvertes préliminaires de Palmore montrent (1) peu de différence entre les hommes et les femmes dans le nombre de cas rapportés et (2) que les gens moins instruits subissent plus souvent l'âgisme que ceux qui sont plus instruits.

Notre but est de vous sensibiliser à l'âgisme et de vous donner les outils pour éradiquer la moindre expérience que la vie vous réserve et qui pourrait être de l'âgisme. Nous projetons de renouveler et de restaurer une image positive de vieillir dans le respect des gens âgés du monde entier.

Nous faisons du progrès en venant à bout des attitudes négatives et des croyances que nous avons entretenues pendant des années. Certes, plusieurs auteurs parlent du terrible gaspillage des ressources naturelles en désignant par là les gens âgés qui sont en santé, capables et actifs et dont la participation est restreinte par la société. Les gens commencent à appliquer les résultats de la nouvelle recherche sur le cerveau et rapportent des résultats fort positifs.

Quels sont les faits et les résultats positifs que nous pouvons utiliser pour défier les anciennes croyances et les stéréotypes ? Assimillez les faits suivants sur la vieillesse dans votre cerveau et vous serez sur la bonne voie pour atteindre la période la plus riche, la plus réussie et la plus comblée de votre vie.

Les faits nouveaux

1. Les gens grandissent et vieillissent avec des idées limitées au sujet de l'âge en se basant sur une réalité qui n'existe plus.

2. La duré de vie moyenne est de 80 ans et plus.

3. Le vieil âge est un cadeau du temps.

4. Le déclin mental avec l'âge n'est pas inévitable.

5. Tout déclin mental au cours d'un vieillissement normal est soit une « atrophie » soit une maladie.

6. Le déclin mental peut régresser avec un court programme d'entraînement.

7. Avec de la stimulation, le cerveau peut continuer à se ramifier jusqu'à un âge très avancé.

8. En plus de faire pousser les dendrites, ou ramifications, nous pouvons faire croître de nouvelles cellules du cerveau.

9. Jouer au bridge et à d'autres jeux a un effet positif sur le système immunitaire.

10. L'inquiétude au sujet de la perte de mémoire est une cause importante de perte de mémoire. Calmer l'inquiétude améliore la mémoire.

11. Il est possible d'apprendre quelque chose de nouveau à tout âge. Étudier une nouvelle langue, jouer d'un instrument ou approfondir un sujet ont un effet des plus bénéfiques.

12. Il n'y a pas de limites à ce que nous pouvons apprendre, être ou faire à n'importe quel âge, si nous sommes prêts à travailler dur et sérieusement.

13. Le monde a désespérément besoin de la sagesse de ses aînés.

14. Ce sont les jeunes qui souffrent le plus de l'âgisme.

15. Il est possible d'apprendre à tout âge.

Réfléchissez aux derniers 20, 30 ou 50 ans. Ajoutez à la liste précédente toutes les choses que les gens vous ont dites à propos de ce que vous pouviez faire et ne pas faire. Malgré cela, vous avez foncé et vous les avez faites. Puis relisez votre liste, encore et encore... Gardez-là à portée de la main alors que nous allons remplacer toutes les vieilles superstitions qui vous retenaient d'agir.

Remplacer les vieilles croyances par de nouvelles

Au cours des dernières pages de ce chapitre, nous allons essayer de faire du ménage. Nous voulons évacuer les vieilles recherches, le vieux savoir, les vieilles croyances et les vieilles suppositions qui ne s'appliquent plus au monde d'aujourd'hui ni à celui de demain, et nous allons les remplacer par les nouvelles connaissances, de nouvelles convictions et un nouveau langage. Les remplacer va permettre d'avoir une meilleure santé, de réaliser un meilleur accomplissement, d'avoir une attitude plus optimiste et plus de joie dans la vie.

Par le passé, les gérontologues ont cru que la façon la plus simple de changer les attitudes était de dispenser le nouveau savoir à l'université. Certainement, le savoir est la base de ce que l'on croit être vrai. Mais parmi les premières études sur l'âgisme et le changement d'attitude, peu d'entre elles démontraient un effet positif grâce au simple savoir acquis. Sinon, il suffirait de fournir les faits aux gens. Ce n'est pas suffisant. C'est là que la pensée critique entre en jeu.

La pensée critique

La première recherche sur la pensée critique définit celle-ci comme étant l'analyse claire et logique d'un problème ou d'un enjeu. À titre d'exemple, les scientifiques devraient être des penseurs doués d'un esprit critique. Toutefois, la pensée critique telle qu'elle a été pratiquée et développée au sein du mouvement pour l'éducation aux adultes, associée au travail de Jack Mezirow et de Stephen Brookfield à l'université Columbia, est une activité qui a des applications pratiques plus productives.

> Il y a **deux sortes** de ratés. Celui qui **pense sans agir**, et celui qui **agit sans penser.**
> JOHN CHARLES SALAK

La pensée critique a été adoptée comme outil et adaptée à toutes les disciplines et tous les groupes d'âge. Il existe une pensée critique pour les professeurs, une pensée critique pour les enfants, une pensée critique pour la littérature anglaise, une pensée critique pour les arts créatifs. Et maintenant, il y a la pensée critique pour ce sujet précis : les gens qui vieillissent dans un monde vieillissant. Être un penseur critique fait partie de ce que signifie être une personne qui se développe, et entretenir la pensée critique est essentiel pour créer et maintenir une société vieillissante en santé. La pensée critique nous donne le pouvoir de déceler la supposition masquée par un énoncé qui nous restreint et nous prive d'un avenir prometteur.

Suppositions voilées

Il est maintenant temps de découvrir ce que vous supposez. Regardez l'image suivante et répondez à chacune des affirmations en écrivant « vrai », « faux » ou « je ne sais pas » à la fin de la phrase.

La famille Smith

1. Il y a trois personnes dans la pièce._____

2. La famille Smith a une télévision_____

3. Il y a un match de football à la télévision._____

4. Robert Smith fait ses devoirs en regardant la télé._____

5. Mme Smith est en train de tricoter._____

6. Les Smith ont un chat domestique._____

7. Les Smith sont abonnés à *Time, Life* et *Ladies' Home Journal.*_____

8. Cette image illustre une famille réunie au cours de la soirée._____

La plupart des gens répondront oui ou non à ces énoncés. Mais lorsque vous y réfléchissez, vous avez peut-être fait un certain nombre de suppositions. Dans l'énoncé 1, nous voyons trois personnes dans l'image mais il y en a peut-être deux autres cachées derrière l'artiste. Dans l'énoncé 2, il y a une télévision dans la pièce. Elle est peut-être louée. Elle appartient peut-être à mamie. Relisez chaque énoncé et vous réaliserez que chaque fois où vous avez répondu « je ne sais pas », c'était la bonne réponse. Cet exercice illustre comment nous émettons des hypothèses. Nous le faisons tous parce que nous devons souvent le faire. Nous ne pouvons pas tout savoir. Nous devons déceler les suppositions, plus particulièrement celles qui nous nuisent, et nous y arrivons à force de penser.

La force de penser

La force de penser va au-delà de la pensée critique : c'est la pensée critique avec une valeur ajoutée. Et la valeur ajoutée est une façon de penser qui vous donne la force dont vous avez besoin pour changer votre vie. Alors que la pensée critique s'efforce d'identifier les suppositions erronées et les remplace par des énoncés précis à propos de ce qui est vrai, la force de penser permet d'avancer plus loin et d'identifier le système de croyances derrière les préjugés, et enfin de remplacer les systèmes de croyances et changer le langage que nous utilisons afin que notre discours nous serve mieux.

Penser et parler de nouvelle façon aident à se développer, à grandir et à maintenir tous les aspects de la santé. Nous avons une plus grande estime de soi ; plus de confiance en soi ; nous remettons en question les stéréotypes âgistes dès qu'ils surgissent ; nous parlons avec assurance et les gens nous écoutent d'une différente façon.

Les penseurs puissants

- sont souples et ouverts aux nouvelles idées et aux nouveaux points de vue.
- sont sensibles au langage et particulièrement conscients du langage limité.
- sont positifs et optimistes dans leur approche de la vie et aiment apprendre.

- parlent de leurs idées chaque fois qu'ils sont confrontés au langage limité et aux attitudes négatives.

- cherchent profondément à comprendre le problème de vieillir et valorisent le vieil âge et les enjeux qu'il comporte.

- remettent en question les stéréotypes à connotation négative reflétés par les médias.

- saisissent chaque occasion d'instruire les autres (leurs pairs, leur famille et leurs amis et les gens de tout âge) d'affirmer l'importance d'apprendre et accordent une valeur particulière au fait d'avoir l'esprit en forme pour la vie.

Remettre en question les hypothèses grâce à la pensée critique

Dans son livre *Developing Critical Thinkers*, Stephen Brookfield esquisse une méthode de pensée critique pour remettre en question les croyances et les suppositions que nous entretenons et qui sont susceptibles d'être erronées ou qui n'ont plus d'utilité. D'abord, il nous éclaire sur les raisons pour lesquelles nous émettons des suppositions et comment elles nous sont acquises.

> *Les suppositions sont les règles en apparence évidentes de la réalité que nous suivons pour nous aider à trouver des explications, à émettre des jugements ou décider des actions à entreprendre. Ce sont des idées reçues qui, selon nous, ont le statut de vérités. On ne parvient pas à l'âge adulte sans avoir un ensemble de suppositions qui sous-entendent nos décisions, nos jugements et nos actions, et qui posent les limites de notre compréhension. Ces suppositions influencent comment nous comprenons les liens de cause à effet (par exemple, penser que le crime est le résultat de la pauvreté et non de la paresse). Elles révèlent les critères que nous avons pour déterminer chez autrui ce qui est un bon comportement ou non (par exemple, manifester de l'intérêt pour les malheurs d'autrui, ignorer les conventions ou rechercher seulement son intérêt personnel). Les idées acquises nous aident à construire*

notre compréhension de ce que nous estimons être la « nature humaine ». Elles influencent fondamentalement notre conception du sens du devoir et de l'obligation, qui détermine ce que nous présumons être une conduite appropriée dans les relations personnelles. Finalement, elles modèlent notre vision du monde politique. Elles nous aident à décider quels droits chaque individu est en mesure d'avoir et quels devoirs les gouvernements sont en droit d'attendre de nous.

La pensée critique est une activité positive et productive. Les gens qui ont une pensée critique sont complètement engagés dans la vie. Ils travaillent à leur développement personnel, ils ont confiance en eux-mêmes, ils apprécient la créativité, ils sont innovateurs et vivent la vie en voyant toutes les possibilités que l'avenir leur réserve. Ce sont des traits que nous désirons tous avoir.

La pensée critique est un processus qui implique de s'interroger sur nos suppositions. C'est un procédé de la pensée qui nous permet sans fin de remettre en question toute vérité universelle ou toute certitude. C'est un processus dynamique. Tout comme l'on croyait avec certitude que la Terre était plate et que nous pouvions glisser dans le vide, mais comme personne n'a trouvé les limites de la Terre, aujourd'hui nous affirmons avec certitude qu'elle est ronde.

La pensée critique varie chez chaque personne et selon chaque situation. Chez certains auteurs, la pensée est limpide dans leurs écrits ; chez d'autres, elle s'affirme par leurs actions. La pensée critique est aussi déclenchée par des événements heureux et satisfaisants comme le succès au travail. Lorsque cela survient, nous commençons à regarder nos actions et nos idées d'une nouvelle façon, d'une nouvelle perspective, et nous réalisons que nous possédons de nouvelles possibilités en nous.

Les émotions sont au centre de la pensée critique. Lorsque nous nous interrogeons sur nos valeurs, nos idées et nos comportements, cela suscite beaucoup d'émotions. Remettre en question les vieilles croyances, par exemple, peut causer de la confusion et

> Ne croyez rien sur la foi de la tradition, même si elle est partout à l'honneur depuis des générations. Ne croyez pas une chose parce que tout le monde en parle. Ne croyez pas sur la foi des sages anciens. Ne croyez pas en ce que vous imaginez, en étant persuadé qu'un dieu vous a inspiré. Ne croyez rien sur la seule autorité de vos maîtres et de vos prêtres. Croyez en ce que vous avez vu de vos propres yeux et que vous estimez raisonnable, et agissez en conséquence.
>
> GAUTAMA BUDDHA

de l'irritation chez les gens qui se sentent critiqués. Ceux qui brisent le moule de leur mode de pensée et font place aux nouvelles façons d'évaluer les idées reçues éprouvent un sentiment de soulagement et d'allégresse. En réalisant que nous avons la force de changer certains aspects de notre vie, l'excitation nous gagne et nous éprouvons un nouveau sentiment de force et de liberté.

Il existe deux raisons principales pour lesquelles il est de notre intérêt d'évaluer nos idées reçues. D'abord, cela crée le sentiment d'avoir de nouvelles possibilités. Et vous pouvez inventer une façon plus saine de vivre. Dans notre travail avec les adultes âgés, la pensée critique est une technique efficace pour remettre en question les idées que nous avons sur la vieillesse et qui limitent les alternatives qui s'offrent à nous pour vieillir en santé. La force de penser est aussi efficace pour changer les croyances négatives en croyances positives, ce qui appuie la thèse qu'il existe des possibilités illimitées de croître et de se développer en prenant de l'âge. Le défi consiste à créer une nouvelle perspective du vieil âge en changeant notre système de croyances tout en nous basant sur la nouvelle recherche sur le vieillissement qui est pleine d'espoir et d'optimisme.

Les hypothèses sont à la base de nos actions et nos décisions jaillissent de nos hypothèses. Nous avons besoin de croyances éclairées, et non pas des croyances qui s'appuient sur de vieilles façons de penser et de faire. La pensée critique remet en question les vieux modèles. De nouvelles pensées peuvent nourrir la vitalité pendant longtemps. Songez-y. Quelles croyances entretenez-vous au sujet de la vieillesse, le vieil âge, les facultés mentales, la mémoire et l'apprentissage ? Ce sont des questions auxquelles il est bon de réfléchir. La plupart des gens diront : « Mes fonction mentales vont décliner, ma mémoire n'est déjà plus aussi bonne qu'avant et j'ai de la difficulté à me concentrer quand je lis quelque chose de nouveau. » Il n'y a pas de doute, c'est une image sinistre et, malheureusement, beaucoup de gens y croient vraiment encore.

> On ne découvre pas qui l'on est en se **pourchassant « soi-même ».** Au contraire, c'est en **pourchassant autre chose,** en apprenant une **discipline** ou une **routine,** que l'on découvre qui l'on est et qui on veut devenir.
> MAY SARTON

Nous examinons nos croyances après avoir subi un choc, une maladie ou la perte d'un être cher, mais la véritable pensée critique devrait s'exercer avant la crise. Des croyances confortablement installées ne sont pas faciles à déloger. Nous avons besoin d'avoir l'esprit ouvert pour changer et d'ouvrir notre esprit pour élargir nos idées. Nous avons tous des préjugés et bien des gens avant nous avaient des croyances qui sont devenues désuètes. Lisez l'histoire suivante tirée du livre *Éveillez le géant en vous*, par Anthony Robbins.

Le mile en quatre minutes

Connaissez-vous l'histoire du mile en quatre minutes ? Pendant des milliers d'années, les gens croyaient qu'il était impossible pour un humain de courir le mile en moins de quatre minutes. Mais en 1954, Roger Bannister repoussa cette barrière imposante. Il a réussi « l'impossible » non pas tant grâce à l'entraînement physique mais en répétant constamment l'événement dans sa tête, se voyant en train de briser le record de quatre minutes à plusieurs reprises, avec une intensité émotive telle qu'il se créait des images vives qui à leur tour devenaient une commande transmise à son système nerveux pour produire le résultat. Plusieurs personnes ne réalisent pas, toutefois, que l'aspect le plus important de cet exploit est ce qu'il a fait pour les autres. Dans toute l'histoire de l'humanité, personne n'avait été capable de battre le record de quatre minutes. Or, un an après que Bannister eut franchi la barrière, 37 coureurs l'ont également brisée. Son expérience leur a fourni des références assez fortes pour créer le sentiment de certitude qu'eux aussi pouvaient «faire l'impossible». Et l'année suivante, 300 coureurs firent de même!

Des croyances nouvelles et parmi les meilleures sont celles qui permettent le meilleur usage de vos forces, de vos capacités et de vos talents. Les nouvelles croyances peuvent vous garder en forme mentalement et aider à améliorer votre mémoire. C'est ce que nous allons vous démontrer. Les étapes suivantes sont un processus simple mais très efficace pour changer vos thèses et vos opinions au sujet de vieillir ou quoi que ce soit d'autre qui soit négatif ou limitatif.

Cinq étapes pour mettre votre esprit au défi

1. Prenez conscience de vos préjugés. Si vous avez fait l'exercice de la famille Smith et que vous lisez ceci, vous êtes désormais conscient des hypothèses que nous formulons tous à priori.

2. Identifiez le langage négatif qui limite votre pensée. En d'autres mots, nommez une supposition. Par exemple : « J'oublie où je range mes affaires... J'oublie toujours où je range mes clés. »

3. Identifiez la croyance limitative que sous-entend le langage négatif. Par exemple, dans le deuxième énoncé faisant référence au langage négatif, la croyance limitative est : « Je crois que mes facultés mentales vont décliner en vieillissant. »

4. Remettez en question vos croyances limitatives en vous demandant si elles sont vraies. Évaluez leur validité, émettez des doutes à leur propos, voilà ce que vous voulez faire. Vous n'oubliez pas toujours vos clés et il y a une stratégie simple qui vous aidera à toujours vous rappeler où vous les avez rangées (voir étape 5 : mémoire et apprentissage). Les recherches actuelles n'appuient plus cette façon désuète de penser. Avoir une croyance de ce genre ne vous est d'aucune utilité. C'est se donner une excuse. Par ailleurs, vos facultés mentales s'améliorent avec l'âge, elles ne déclineront pas si vous assimilez les stratégies et les conseils suggérés dans ce livre.

5. Apprenez comment les changer. Il y a un bon nombre de stratégies qui vous aideront à détruire les croyances qui vous limitent et ne vous servent plus de façon positive. Essayez-les et choisissez-en une ou deux qui font l'affaire. Questionnez ou doutez de la vieille croyance. Il me semble que j'oublie souvent mes clés et c'est peut-être ce que je fais. Toutefois, il se peut que j'utilise le prétexte de l'âge et de ma pauvre mémoire pour être paresseux ou distrait. En fait, j'oubliais plus souvent un tas de choses quand j'étais jeune. Voici des stratégies pour venir à bout des vieilles croyances :

    - Tournez-les en dérision. Les clés n'ont pas de pieds. Elles ne peuvent se déplacer par elles-mêmes. Elles ne peuvent pas s'envoler. Je peux apprendre une stratégie afin de me souvenir où je les range. Mon cerveau est aussi bon qu'à l'age de cinq ans. En fait, il est même meilleur.

> Vivez avec **passion** :
> allez jusqu'au bout,
> écoutez attentivement,
> **jouez** avec abandon.
> Riez,
> n'ayez pas de regrets,
> continuez à **apprendre**,
> appréciez vos amis.
> Faites ce que vous aimez !
> **Vivez** comme si de rien
> n'était !

- Reliez-les à la douleur. Cette vieille croyance au sujet de toujours oublier où je mets mes affaires me cause un stress incroyable et de l'inquiétude. Quand je ne trouve pas quelque chose, je deviens parfois si fâché que j'ai l'impression que le cœur va me sortir de la poitrine.

- Effacez-les. Ça peut sembler stupide mais ça marche. Prenez une gomme à effacer. Lorsque vous vous entendez parler de façon négative, prenez la gomme et effacez cette phrase de votre esprit. Nous utilisons cette technique dans nos cours. Vous serez étonné de voir que cela améliore la conscience et rafraîchit l'esprit.

- Critiquez-les. Tu n'es qu'une croyance inutile. Tu ne m'aides pas du tout. Je vais me débarrasser de toi une fois pour toutes.

- Développez une argumentation. Remplacez la vieille croyance par une nouvelle en utilisant le langage des possibilités. En vieillissant, la mémoire peut s'améliorer. La recherche démontre que si nous stimulons le cerveau en lui offrant des défis, nos facultés mentales nous serviront jusqu'à la mort.

La force de penser en action

Nos croyances ont un incroyable pouvoir, plus puissant que la plupart d'entre nous le pensent. Par exemple, vos croyances peuvent déterminer l'effet des médicaments sur votre corps. La plupart des gens connaissent la puissance d'un placebo, cette pilule de sucre que l'on administre à un patient au lieu du médicament. Au cours d'une expérience, on a demandé à 100 étudiants de participer à un test pour évaluer deux médicaments : l'un était décrit comme un stimulant dans une capsule rouge et l'autre comme un tranquillisant dans une capsule bleue. Les étudiants ignoraient que l'on avait changé le contenu des capsules. En fait, la capsule rouge contenait un barbiturique et la capsule bleue, une amphétamine. La moitié des étudiants ont développé des réactions physiques qui concordaient avec celles qu'ils s'attendaient à ressentir, exactement à l'opposé de l'effet qu'aurait dû avoir le médicament dans leur corps ! Ces étudiants n'ont pas reçu un simple placebo, il s'agissait d'un médicament. Mais leur croyance modifiait l'impact chimique du médicament dans leur corps.

Et que dire des pensées négatives ? Si la pensée positive peut vous faire du bien, les idées noires peuvent-elles vous rendre malade ? Examinons les événements suivants : un patient du pavillon des cardiaques dans un hôpital catholique pense que son état s'aggrave et qu'il est sur le point de mourir. Son médecin appelle le prêtre pour qu'il reçoive les derniers sacrements. Pendant qu'il les administre à un patient pas si malade que ça, le patient couché dans l'autre lit meurt au bout de quinze minutes.

Cette histoire vraie, racontée par le médecin Herbert Spiegel, un psychiatre de New York, illustre que les convictions négatives, qu'il s'agisse des vôtres ou de celles d'autrui, ont un effet terrible sur la santé. On l'appelle l'« effet nocebo », par opposition à l'effet placebo (l'idée que la pensée positive peut améliorer la santé). Par tradition, on invoque que cet effet est à l'origine de toutes sortes de phénomènes, allant des pratiques vaudou qui entraînent la mort jusqu'aux maladies qui surgissent chez les étudiants en médecine.

Aujourd'hui, la pensée négative est responsable de maladies modernes. Selon Herbert Benson, médecin et professeur à l'école de médecine de Harvard, entre 60 à 90 pour cent des malaises les plus répandus peuvent être exacerbées par l'effet nocebo, tels que l'angine, les maux de tête et l'asthme, sans qu'on ait trouvé une cause précise à leur manifestation, comme une bactérie ou un virus. Ces maux peuvent être causés par le stress qui, en revanche, peut être causé par nos pensées.

Bien que les scientifiques n'arrivent pas à déceler comment les pensées négatives contribuent à la maladie, la recherche sur le cerveau dévoile des résultats intrigants. Par exemple, les aires du

> Pensez avec **excitation**, parlez avec excitation, agissez avec excitation et vous deviendrez une **personne excitante**. La vie aura plus de **piquant**, plus d'**intérêt** et plus de **sens**.
>
> NORMAN VINCENT PEALE

cerveau qui prescrivent une réaction primaire, comme la peur par exemple, sont reliées aux aires du cerveau qui gèrent les organes principaux, comme le coeur. Si une personne est effrayée, sa réaction pourrait provoquer des battements de coeur irréguliers et avoir un effet néfaste sur sa santé. Cela signifie-t-il que si vous avez peur d'avoir un cancer du sein, vous l'aurez ? Pas si vous neutralisez votre peur avec des faits. Aux dires du Dr Spiegel, « la peur irrationnelle est plus dangereuse ».

Les émotions affectent le corps. Le langage que nous utilisons, et les pensées qu'il véhicule, influence la chimie du corps. Le langage est probablement une des drogues les plus fortes connues de l'homme. Les mots que nous entendons et les mots que nous choisissons ont un effet significatif sur notre esprit et sur notre corps. Plusieurs d'entre nous choisissent leurs mots inconsciemment, alors que ces mots décrivent nos pensées. Des mots puissants nous donneront de la force, des mots faibles affaibliront nos forces. Le langage peut renforcer des barrières s'édifiant sur des croyances : donc, choisissez des mots forts et des mots sains pour vous assurer d'avoir des croyances fortes et saines.

Combien de fois avons-nous dit, en attendant un rendez-vous : « Je tue le temps. » ? Un esprit brillant a répliqué : « À force de tuer le temps, on rate le bateau. » Et c'est vrai quand on y réfléchit. C'est un bon exemple pour illustrer ce que nous appelons « le langage limitatif ». Parce que ce genre de langage nous prive de temps. Même si le fait d'attendre est ennuyeux, il vaut mieux se dire : « J'ai du temps devant moi. » Autrement dit, s'il faut attendre, autant le voir comme une expérience saine plutôt qu'une perte de temps malsaine.

Des mots et des expressions pour vieillir en santé

Langage des limites	**Langage des possibilités**
tuer le temps	se donner le temps
faire des promesses	s'engager à faire
contrôle	autorise
être contrarié par les autres	apprendre des autres
je vais essayer ça	je vais faire ça
voir des problèmes	voir des occasions
souhaite	réalise
s'attend à échouer	s'attend à réussir
fait partie du problème	fait partie de la solution

Pauline Mowat, une femme de 83 ans qui participait aux ateliers, écrivait ceci :

> *Mon but était d'utiliser le langage des possibilités en ce qui avait trait à mon âge. Et j'ai réalisé que je peux contrôler mon langage et mon attitude plutôt que de me laisser emporter par les événements et réagir aux circonstances. J'en retire une force intérieure qui est vraie et sur laquelle je peux compter en permanence. Ce n'est pas un jeu d'analyse de soi, impliquant un lien de cause à effet. C'est là. En fait, c'était toujours là, mais je ne l'avais pas remarqué. C'est comme si le pilier de cette force, c'était moi. Je n'ai pas de mérite à avoir découvert ça ou d'en avoir conscience, c'est juste un fait. Un fait très simple. Cela n'implique pas de faire semblant de quelque chose, d'essayer de prouver quelque chose ou de dominer quelque chose. C'est une belle grande liberté d'être moi-même et d'en être heureuse. Si l'on peut dire de quelqu'un qu'il a l'esprit en forme, est-ce qu'on peut dire ça de moi aussi ? Ce qui m'a aidée, c'est d'assister à ce cours, de fréquenter les gens, la liberté d'expression et l'impression que je pouvais tout faire.*

Exercer la pensée critique est une technique que nous avons utilisée avec succès dans le projet pilote. Elle servait à analyser les suppositions qui limitent les choix qui s'offrent à nous pour vieillir en santé, à changer les croyances négatives par des croyances positives qui admettent les possibilités sans limites de croître et de se développer plus tard. L'enjeu était de créer une nouvelle perspective du vieil âge pour changer notre système de croyances en se fiant sur les résultats prometteurs de la recherche sur la vieillesse, qui permettent d'être optimiste.

Les gens participant au projet étaient autorisés à changer. On leur donnait le support et l'encouragement nécessaires pour amorcer un profond changement de la perception et de l'opinion qu'ils avaient d'eux-mêmes, de leurs talents et de leurs facultés. Ils ont pris conscience du rôle qu'exerçait leur façon d'être et de penser, que cela contrôlait leur pensée et ce qu'ils étaient capables d'accomplir. Le premier groupe (âgé de 63 à 83 ans) compléta le programme en décembre 1996. L'évaluation de la recherche a fourni les preuves de l'acquisition des talents et des connaissances pour être en forme et noté un changement au plan des attitudes, des croyances et des comportements. Plusieurs ont affirmé avoir pris conscience que leurs pensées pouvaient contrôler leurs actions et ont remplacé les pensées négatives qu'ils entretenaient à leur sujet et sur autrui par des pensées positives. On les avait autorisés à le faire : ils ont reçu l'inspiration, la motivation, la volonté et le support dont ils avaient besoin pour accomplir plus qu'ils n'avaient jamais rêvé d'accomplir.

Barbara Guttman-Gee est une femme de 88 ans. Elle a grandi en Angleterre et entra à Oxford à l'âge de 16 ans. Toutefois, la dépression et la Deuxième Guerre mondiale interrompirent ses études. Elle se maria et émigra au Canada, où elle a occupé plusieurs postes de secrétaire au cours de sa carrière. À la retraite, elle s'est inscrite comme étudiante libre à l'université et compléta un baccalauréat à l'âge de 70 ans, puis une maîtrise au département d'études des femmes à l'université Simon Fraser, à 81 ans.

Physiquement, elle incarne le stéréotype de la « petite vieille charmante », mais comme tous les stéréotypes, il ne suffit pas pour décrire la richesse de son expérience, son esprit aiguisé et son éloquence qui lui permet d'exprimer ce qu'elle pense en toute occasion. Elle s'est inscrite au cours de mise en forme parce qu'elle sentait qu'elle devenait paresseuse, mentalement et physiquement, et qu'elle avait besoin de revenir au jeu : elle voulait gagner de la confiance et de nouvelles connaissances et nourrissait un vif intérêt à détruire le mythe que « les facultés mentales déclinent avec l'âge ».

Avant d'entreprendre des études universitaires, elle croyait que ses facultés mentales diminueraient avec l'âge, mais les travaux de recherche et son expérience personnelle l'ont fait changer d'idée à ce sujet. Sa capacité mentale continue à s'améliorer parce qu'elle a le désir de garder son esprit actif.

Le but personnel de Barbara était de gagner plus de confiance et de connaissances pour appuyer la mission qu'elle s'était donnée dans la vie, qui est de promouvoir l'éducation pour les gens âgés. Parler aux étudiants de l'université qui apprenaient à enseigner aux gens âgés faisait partie de son but. Elle leur raconta son retour aux études tout en critiquant la qualité de l'instruction dispensée aux aînés à l'université. Elle donna des trucs aux étudiants pour améliorer les cours destinés aux adultes âgés et son esprit d'aventure leur fit grande impression.

Quand on lui demanda de résumer ses buts et ses réussites devant la classe de mise en forme, elle raconta ce qu'elle avait dit au cours d'une entrevue à la télévision :

> *La semaine dernière, j'étais l'invitée de l'émission de télé Générations. On m'a demandé de parler de l'importance d'apprendre et d'expliquer pourquoi j'ai eu envie de retourner sur les bancs d'école, d'obtenir un baccalauréat et de poursuivre jusqu'à la maîtrise. J'ai mentionné que le programme de mise en forme m'avait appris que la recherche actuelle indique que le cerveau ne se détériore pas avec l'âge. Lorsque vous prenez de l'âge, il peut y avoir beaucoup de*

« poussière au grenier » mais vous n'avez qu'à vous en débar-
rasser. Si vous laissez vos muscles se ramollir, ils se détério-
rent, et cela est également vrai pour le cerveau. En fait, pour
être honnête, une part de la vitalité s'en va, mais le cerveau
peut demeurer actif. En d'autres mots, avoir l'esprit en for-
me ne résout pas tous les problèmes de l'âge. Mais si vous
suivez un cours, si vous avez un but ou quelque chose qui
vous stimule, vous oubliez vos douleurs et vos courbatures.
Ce cours m'a énormément aidée. Il m'a donné un coup de
pouce, une dose d'adrénaline et j'ai pu faire des progrès.

Barbara a été capable d'atteindre des buts à long terme, de vivre
ses rêves et de léguer son exemple aux autres. Le programme de
mise en forme l'a aidée à gagner de l'assurance et à se concentrer
sur ses buts. Elle a reçu un doctorat honoris causa pour sa contribution.

Devoir : facultatif mais critique

1. Enregistrez le langage des gens, particulièrement les mots
   négatifs ou les expressions limitatives. Cela va augmenter
   votre sens de l'écoute.

2. Écoutez vos propres paroles. Achetez une gomme à effacer et gardez-la à portée de la main. Chaque fois que vous
   vous entendrez prononcer un mot à connotation négative
   ou limitative, prenez la gomme et effacez ces mots de
   votre esprit. Puis remplacez les mots négatifs par ceux qui
   sont positifs.

3. Retournez à l'article de la page 79 et à l'aide de vos nouveaux outils pour penser, identifiez toute forme de langage limitative ou de négation. Quelles sont les limites
   qui sont reflétées par ce langage ?

ÉTAPE 3

Créativité : hors des sentiers battus et décrocher la lune

La créativité est aussi essentielle pour survivre que l'est le souffle.

TONY BUZAN

*N*ous avons discuté longtemps avant de décider si le troisième élément de la santé mentale devait être la « pensée créative » ou la « créativité ». La pensée créative semblait être l'étape la plus logique dans le programme de mise en forme. Mais la logique n'est pas ce qui fait la créativité. Le livre brillant de Gene Cohen, *The Creative Age,* nous a convaincues finalement que l'étape 3 devait simplement s'intituler Créativité.

Que diriez-vous si on vous demandait : « Êtes-vous créatif ? » La plupart du temps, les gens répondent à cette question en disant : « Je ne suis pas créatif. » Ce que nous présumons être la créativité nous empêche de développer notre pouvoir créatif. Et croyez-le ou non, vous êtes sur le point de découvrir que vous êtes créatif.

La créativité soulève bien des controverses. Qu'est-ce que cela signifie ? Êtes-vous né avec ? Votre quotient intellectuel est-il plus élevé si vous avez plus de créativité ? La créativité s'apprend-elle ? Se nourrit-elle ? S'accroît-elle ? Est-ce important à ce point ? Les soi-disantes personnes créatives ont-elle un avantage de plus ? Pourquoi voudriez-vous être créatif ? Quels en sont les bienfaits ? Comment cela vous aidera-t-il dans votre vie quotidienne ? Quel est le rapport avec le fait de garder l'esprit délié ? Et avec la santé ? Et avec l'âge ? Quand avez-vous utilisé vos pouvoirs créatifs ? Quel âge aviez-vous ? Quand vous a-t-on donné l'occasion d'être créatif et de penser de façon créative ? Qu'avez-vous créé ? Voilà les questions que beaucoup de gens se posent. Ce chapitre contient une foule de réponses, et bien davantage. Alors creusons et explorons le mystère de la créativité. Mais d'abord, voici des exercices pour ranimer vos talents créatifs et assouplir votre esprit.

Exercices d'échauffement

Exercice 1 : **La rivière**

Un homme veut traverser une rivière large et profonde, comme celle qui apparaît sur le dessin. Il n'y a pas de pont, pas de bateau et il ne sait pas nager. Comment la traversera-t-il ?

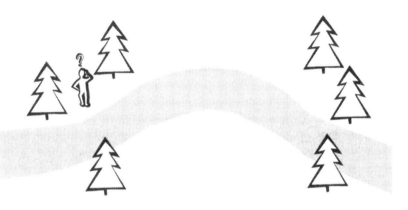

(Pour les réponses à ces exercices, voir « Questions et réponses » aux pages 232-233).

Exercice 2 : **Aveuglé à l'heure du thé**

Un homme buvait une tasse de thé lorsqu'il devint aveugle. Comment est-ce arrivé ?

La créativité a plusieurs définitions et nous utilisons une foule de noms pour la décrire. Certaines significations vous sauteront aux yeux, d'autres non. Lisez attentivement ce chapitre du début à la fin. Lorsque la théorie et l'expérience sont bien tissées, les mots ont le pouvoir de transformer votre façon de penser et votre vie.

Voici quelques trucs amusants. Commençons par le récit d'une personne qui imagine la vie à rebours.

La vie à rebours

La vie est dure. Elle nous prend tout notre temps, toutes nos fins de semaine, et qu'obtient-on au bout du compte ? La mort, en guise de récompense.

J'imagine la vie à rebours. Vous devriez d'abord mourir, en finir avec ça, puis vivre 20 ans dans un foyer pour personnes âgées. On vous met dehors quand vous êtes trop jeune, on vous remet une montre en or et vous allez au travail. Vous travaillez 40 ans jusqu'à ce que vous soyez assez jeune pour profiter de votre retraite.

Vous allez au collège, vous prenez de la drogue, vous buvez de l'alcool, vous faites la fête jusqu'à ce que vous soyez assez jeune pour aller à l'école secondaire, puis à la petite école. Vous devenez un petit enfant, vous retournez dans le sein de votre mère, vous passez les derniers neuf mois à flotter et vous finissez comme une petite lueur dans l'œil de quelqu'un.

ROGER VON OECH

Une femme riche demanda au plus célèbre chapelier de **dessiner** un chapeau pour elle. Il mesura sa tête et, en huit minutes, avec une simple bout de ruban, il créa un **magnifique** chapeau sous ses yeux. La dame était ravie. « Combien cela coûte-t-il ? » demanda-t-elle « Cinquante dollars », répondit le chapelier. « Comment ? C'est un scandale ! Ce n'est qu'un bout de ruban ! » Le chapelier défit aussitôt le ruban et lui tendit en disant : « Madame, le ruban est **gratuit**. »

ABIGAIL VAN BUREN

En général, la créativité est un mystère pour les gens et ses multiples définitions aident à conserver le mystère. Même ce que vous pensez de la créativité laisse percer votre créativité. Vous vous

> La **créativité**, une fois sollicitée par une nouvelle **idée**, ne revient jamais en arrière.
>
> OLIVER WENDELL HOLMES

demandez peut-être : « Pourquoi devrais-je me soucier d'être créatif ou de penser de façon créative ? » Par le passé, on nous a enseigné que la créativité était un don rare reçu à la naissance comme dans le cas des artistes, des musiciens, des peintres, des compositeurs et des écrivains. Peut-être que vous vous êtes déjà dit : « Ce n'est pas à moi que c'est arrivé. » Nous savons maintenant que la créativité va beaucoup plus loin que les arts, et que jeunes et vieux ont plus qu'une simple étincelle de créativité. La plupart des gens ont besoin d'un tremplin et c'est ce que nous vous offrons dans ce chapitre.

Imaginez quelqu'un en train de sortir les lourds câbles noirs et rouges d'une batterie, d'ouvrir les crampons et de les poser sur les côtés de votre tête, de tourner la clé et, boum, un éclair de courant créatif allume votre esprit. Vous allez commencer à éprouver toutes sortes de choses comme celles-ci. Pour commencer, vous allez vous débarrasser de ce que vous avez appris quand vous étiez enfant.

Avez-vous déjà entendu les phrases suivantes ?

> « Tu ne peux pas dépasser la ligne. »
> « C'est une théière, ça ? »
> « Le ciel n'est pas vert ! »
> « Tu peux faire partie de la chorale mais ne prononce que les mots. »
> « Nous n'avons jamais fait ça comme ça. »
> « Peux-tu faire un dessin comme celui de Pierre ? »
> « Comment puis-je deviner que c'est une vache ? »

Si ces leçons n'ont pas étouffé votre créativité, que dire des phrases suivantes ?

> « Ne sois pas idiot, sois réaliste. »
> « Tu dois suivre les règles. »
> « Ne te prends pas pour quelqu'un d'autre. »

« Cesse de rêver en couleurs. »

« Ne sois pas stupide. »

Avez-vous senti votre créativité se renfrogner ? Vous souvenez-vous d'avoir éprouvé de la honte ? De nos jours, on appelle ça se faire mettre en boîte, et ce qui nous fait rester dans la boîte sont les attitudes négatives qui minent notre créativité.

> *Le premier jour d'école, j'ai demandé au professeur : « Est-ce que ces chaises doivent être placées en rangs ? Pouvons-nous les placer en cercle ou nous asseoir sur le plancher ? » La réponse fut non et je commençai dès lors à refouler ma pensée créative. J'ai également inventé des maladies afin de pouvoir rester à la maison pour lire, écrire et créer. Une année, j'ai raté l'école pendant 92 jours. Je crois que c'est ce qui a sauvé ma vie créative.*
>
> SARK

Une des raisons pour lesquelles nous résistons aussi vigoureusement à l'idée de vieillir est qu'on nous a incités à croire que notre talent créatif disparaît en vieillissant. Un point de vue théorique, basé sur la revue de la littérature, vous aidera à comprendre d'où viennent ces attitudes négatives, pourquoi elles ne valent plus rien, et, finalement, comment exercer votre créativité et rafler tous les bénéfices. Vous êtes déjà une autorité dans votre propre vie et une fois que vous comprendrez ce que les experts ont dit de la créativité en général, vous pourrez devenir l'expert de votre propre créativité.

Croyez-le ou non, on fait des recherches sur la créativité depuis au moins 500 ans. Jusqu'au milieu du XXe siècle, les études suggéraient que la créativité était la prérogative de la jeunesse, alors que l'âge signifiait le déclin des pouvoirs créatifs. Une étude couvrait une période de 150 ans (de 1835 à 1969) et examinait les carrières des artistes et des scientifiques selon un graphique mesurant leur production. Les résultats de l'enquête révélaient qu'il y avait un petit nombre de vieux artistes qui poursuivaient encore une production artistique, mais que la créativité déclinait avec l'âge.

La croyance que les gens deviennent moins créatifs en vieillissant a été chaudement débattue au tournant du XXe siècle. En 1905, le célèbre orateur Sir William Osler affirmait que le travail effectif, vitalisant de ce monde s'accomplit entre l'âge de 25 et 40 ans. Il était établi que ces 15 années en or constituaient la période productive où la plupart des artistes et des scientifiques font leurs œuvres les plus importantes.

Le débat public fit rage autour de cette question. D'un côté, on était d'accord avec Osler, à savoir que le talent créatif est le fief de la jeunesse, et de l'autre, on affirmait que la créativité est un trait humain présent durant tout le cours de la vie et qu'il ne s'estompe pas, au contraire s'affirmant avec l'âge.

Ce débat s'est poursuivi jusqu'au XXe siècle. Les études indiquaient généralement que les énergies créatives de l'artiste étaient destinées à s'assécher et que la plus grande tragédie en vieillissant pour un poète, un peintre, un romancier ou un dramaturge était l'incapacité de s'exprimer créativement parlant. Une étude décrit l'expérience d'une femme qui s'est empressée de vivre, d'aimer et d'écrire pendant qu'elle était jeune parce qu'elle avait l'impression que lorsque son énergie aurait disparu, elle regretterait de n'avoir pas créé tout ce qu'elle voulait. Comme il est triste de croire que notre énergie créative est limitée!

Si la société croit que l'horloge biologique sonne l'heure de la perte de la créativité et amorce un inévitable déclin, elle refusera à plusieurs l'occasion d'exercer leurs talents, même s'ils se portent bien, sans considération pour les connaissances qu'ils ont acquises et pour nulle autre raison que leur âge.

À l'aube du XXIe siècle, nous avons des preuves convaincantes que l'esprit créatif est une source illimitée d'énergie et de vitalité. Les deux vues opposées au sujet de la créativité, à savoir si elle décline ou non avec l'âge, suscitent encore l'attention aujourd'hui. Jusqu'à ce que les hypothèses erronées soient ouvertement réfutées, croire à l'inévitable déclin continuera d'avoir un effet négatif sur des millions de gens.

Les gens âgés peuvent-ils être créatifs ?

Oui. Henry Wadsworth Longfellow le croyait. Son poème *Morituri Salutamus* rend hommage aux hommes créatifs du passé.

Caton apprit le grec à quatre-vingts ans ;
Sophocle écrivit son célèbre « Œdipe »,
Simonides et ses pairs raflaient des prix pour leurs vers
et chacun comptait plus de quatre-vingts années.
À quatre-vingt-dix ans, Théophraste commença son « Caractères des hommes ».
À soixante ans, à l'heure du rossignol, Chaucer écrivit « Les Contes de Canterbury » à Woodstock.
Goethe, à Weimar, poursuivit son labeur jusqu'à la fin
et compléta « Faust » à quatre-vingts ans passés...

> Rien ne se **crée** soudainement, pas plus une grappe de raisin qu'une grappe de figues. Si tu me dis que tu **désires** une figue, je te répondrai qu'il **faut du temps**. Il faut que son bourgeon naisse, qu'elle porte fruit et qu'elle mûrisse.
>
> Epictète

Ce qui est unique et positif à l'aube du XXIe siècle, c'est que nous avons désormais la recherche pour chasser les hypothèses négatives et enfin se reposer une fois pour toutes. Le travail de Gene Cohen fournit des preuves évidentes que tout le monde peut être créatif et que le nombre de réalisations créatifs ne décline pas avec l'âge.

Cohen soutient que la créativité est largement minée par les attitudes négatives. La fatigue, le manque de motivation et la sénilité, ou d'autres explications invoquées pour justifier le déclin de la production artistique avec le temps, sont toutes basées sur des fausses hypothèses sur le déclin général avec l'âge. Les artistes mûrissent avec l'âge et produisent souvent leurs œuvres les plus importantes au cours de leur vie tardive. Les grands maîtres ne signent pas leurs chefs-d'œuvre en indiquant leur âge. On n'a jamais vu « par Rembrandt, 75 ans ». Pensez-y : l'âge n'a pas de rapport avec l'œuvre.

Êtes-vous créatif?

La deuxième question importante est celle-ci. Est-ce que tout le monde peut être créatif? Encore une fois, Cohen affirme que la créativité n'est pas un don accordé à quelques-uns. À titre d'exemple, il fournit aussi une définition de la créativité qui vous éclairera sur votre propre créativité. Il définit la créativité comme étant « la capacité innée de croissance, l'énergie qui permet à chacun de générer sa propre pensée ou de s'exprimer lui-même d'une nouvelle façon. »

Qu'est-ce que la créativité et comment la développer?

Gene Cohen a mis au point ce qu'il appelle l'équation créative:

$C = moi^2$

C = créativité

m = masse de connaissances

e = expérience

2 = deux types d'expériences

    1. expérience émotionnelle intérieure

    2. expérience de vie extérieure

La créativité égale notre masse de savoir multipliée par nos deux types d'expériences (interne et externe). Cela signifie que notre potentiel créatif s'accroît avec l'âge. Si, par exemple, nous tenons pour acquis qu'en vieillissant la masse de notre savoir augmente et que les autres éléments de l'équation ne changent pas, la créativité augmente en fonction de l'âge. Si nous croyons que l'expérience émotionnelle de quelqu'un s'approfondit avec l'âge, la créativité de ce dernier s'accroîtra. Autrement dit, si notre savoir augmente, que nos expériences s'approfondissent et que l'on multiplie les expériences de vie, nous deviendrons plus créatifs. Cela signifie que chacun d'entre nous, peu importe son âge, peut exercer sa créativité aussi longtemps que dure la vie.

L'ère créative

Nous vivons une ère créative au cours de laquelle l'innovation et la créativité sont récompensées dans tous les domaines, du monde des affaires aux relations personnelles. Et, selon Cohen, la phase de vie qui s'étend au-delà de 50 ans est la plus créative de la vie. Il a défini quatre stades de la créativité :

1. L'évaluation, qui commence vers la cinquantaine quand l'expression créative s'intensifie grâce à l'impression d'une crise ou d'une quête.

2. La libération, commençant vers 60 et 70 ans, lorsque les efforts créatifs sont chargés d'une nouvelle énergie apportée par la retraite ou par des changements dans la charge de travail.

3. La synthèse, à 70 ans et plus, qui se consacre à regarder en arrière, de faire la somme des acquis et à redonner.

4. La phase « encore », à 80 et plus, qui se consacre à célébrer la vie à faire une contribution.

Peu importe l'âge que vous avez ou la phase que vous traversez, vous pouvez développer votre potentiel créatif. Mais auparavant, récapitulons les points suivants :

Ce que nous savons de la créativité

- La créativité n'est pas l'apanage de la jeunesse. Il y a de nombreux exemples de gens très âgés qui ont accompli des œuvres célèbres dans tous les domaines.

- En fait, les gens font leur plus grande part au cours de leur vie tardive.

- Si vous croyez que votre créativité diminuera en vieillissant, c'est probablement ce qui arrivera.

- Plus d'arguments théoriques : la preuve est là, et c'est le temps d'être créatif.

Comment devenir créatif

Une activité servant de tremplin à la pensée créative et à raviver son concept est l'exercice classique consistant à « relier les points par un trait ». Il provient du travail de Mike Vance et Diane Deacon dans leur livre *Think Out of the Box*.

Exercice 3 : relier les points par un trait

Prenez quelques minutes pour relier les points.

1. Reliez les neuf points en ne traçant pas plus que quatre lignes droites.

2. Les points ne peuvent pas changer de place.

3. Le trait qui les relie doit être dessiné d'un geste continu.

4. Laissez courir le crayon sur le papier jusqu'à ce que toutes les lignes aient été tracées.

(Voir la solution dans « Questions et réponses », page 233.)

Le concept présenté ici permet de penser sans se sentir restreint ni limité par des frontières imaginaires. Les barrières mentales limitent notre adresse et nous empêchent de « sortir de la boîte ». Penser hors de la boîte, voilà ce qu'est la pensée créative.

Le dictionnaire Webster définit la créativité comme (1) la qualité d'être créatif et (2) le talent d'être créatif. Alors, êtes-vous créatif ?

Est-ce que les tests nous révèlent vraiment si nous sommes vraiment créatifs ? Ou ne font-ils seulement que nous dire que nous ne le sommes pas ? Voici le meilleur test que nous avons trouvé.

Êtes-vous créatif ? (cochez la bonne case).

☐ oui   ☐ non

Dans l'excellent livre de Roger Von Oech, *Créatif de choc*, l'auteur raconte l'histoire d'une compagnie importante qui s'inquiétait du manque de productivité créative au sein de son personnel. L'administration invita une équipe de psychologues afin que ces derniers découvrent pourquoi certaines personnes étaient plus créatives que d'autres. Elles espérait ainsi stimuler les « gens moins créatifs ». Les psychologues étudièrent le groupe pendant trois mois, en leur posant des questions sur leur éducation et en leur demandant même quelle était leur couleur préférée. Voici ce qu'ils ont découvert : les personnes créatives pensaient qu'elles étaient créatives et les personnes moins créatives ne pensaient pas qu'elles l'étaient.

Souvent les gens s'empêchent de créer parce qu'ils n'ont pas exploré leur créativité. Ils trouvent des prétextes et justifient leur soi-disant manque de créativité en affirmant que la créativité est réservée aux Mozart et Einstein de ce monde. Mais ils se trompent. Lisez l'histoire des deux grenouilles.

> Je marche pour aller au travail le long de la Sixième Avenue par un merveilleux jour de printemps et j'aperçois un mime dans la rue. Il fait son fameux numéro où il fait semblant d'être pris dans une boîte. Alors je m'arrête et je regarde le mime faire semblant qu'il est coincé dans une boîte. Et quand il a terminé son numéro, je me dis, Dieu merci, il n'était pas vraiment coincé dans une boîte. Et j'aperçois sur le trottoir qu'il a déposé un petit chapeau pour de l'argent — de la monnaie, des pourboires, des dons et des contributions. Alors je marche vers lui et je fais semblant de déposer un dollar dans son chapeau.
>
> DAVID LETTERMAN

> Le **rire** est libérateur. Usez d'humour avec **largesse**. Ça détend les muscles et permet à l'**esprit** de faire des **liens**.
>
> GENE COHEN

Les deux grenouilles

Il était une fois deux grenouilles qui étaient tombées dans un seau de crème. La première accepta son sort et se noya. La deuxième voyait les choses d'un autre œil. Elle se débattit tant et si bien que la crème se transforma en beurre et qu'elle put enfin sortir du seau.

ROGER VON OECH

La morale de cette histoire : même une grenouille est créative.

La créativité et les arts appliqués

Martha Graham, la célèbre chorégraphe, explique la créativité de la façon suivante :

> *C'est une force, une vitalité, un sentiment d'urgence qui poussent à agir et à s'exprimer d'une façon originale. Si vous bloquez l'énergie, elle ne se manifestera par aucun autre moyen et le monde n'en saura rien. Ce n'est pas à nous de déterminer si c'est bon ou non, ni si cela se compare avec d'autres formes d'expression. Il faut garder l'esprit clair et s'efforcer d'être ouvert. Vous n'avez pas à croire en vous ni en votre travail. Vous devez prendre conscience des besoins urgents qui vous motivent à continuer plus loin. Mais on n'éprouve jamais de satisfaction. Seulement une étrange insatisfaction ; une émotion vive nous envahit et nous rend plus vivants que les autres.*

Martha Graham décrit l'esprit créatif comme un sentiment de vive inquiétude qui doit être exprimé. On pense que ce sentiment habite seulement les grands génies (poètes, musiciens, danseurs, acteurs) qui gagnent leur vie grâce à leur art. C'est faux. Nous avons tous de la créativité. Tout ce qu'il faut faire, c'est de trouver un moyen de l'exprimer et de profiter de l'énergie qui se manifeste sous forme d'inquiétude et n'attend que d'être libérée. C'est logique de maîtriser nos inquiétudes en faisant l'effort d'être créatif parce que cela nous donne de l'énergie et de la vitalité. Après tout, c'est de cette façon que les gens de tout âge, de tout niveau intellectuel, de toutes couleurs, de toutes cultures et de toutes convictions ont développé des moyens incroyables de survivre.

À l'époque de la Crise, les gens se débrouillaient avec peu. Ils inventaient des repas de famille à partir de deux fois rien. Le dessert? Des craquelins saupoudrés de sucre brun faisaient l'affaire. De nos jours, on fait des mets plus raffinés mais il faut plus qu'un brin de créativité pour créer à partir de rien. Récemment, une amie nous a montré une crédence que son arrière-grand-mère avait fabriquée. Elle avait utilisé des pots de chambre en guise de pattes. Ça, c'est de la créativité.

> La **créativité** est toujours là. Elle est là où on l'a laissée. Nous attendons l'**inspiration** pour agir mais c'est le contraire qui arrive. Il faut d'abord passer à l'**action**. Ensuite vient l'**inspiration**.
> SARK

Robert Kastenbaum, gérontologue, parle de la créativité comme d'un « jeu sérieux aux limites infinies ».

> *Faire preuve de créativité, c'est adopter une attitude ou suivre un processus qui aboutit parfois à un résultat tangible. La créativité se traduit par une attitude qui affirme: « C'est le temps d'apporter du nouveau dans ce monde. » Le processus de créer est plus exigeant: « Il faut être ouvert à toutes les influences, internes ou extérieures. Il faut être intense et se creuser la tête. Et travailler avec acharnement! Puis il faut prendre du recul et évaluer votre œuvre d'un œil critique. Et reprendre le travail! » Le résultat sera peut-être un objet reconnaissable comme un meuble, une invention, un texte, un poème ou une chanson. Si le résultat est moins tangible, il n'en est pas moins vrai: l'image déformée d'un groupe, une relation à long terme plus excitante, un mode de vie se transformé grâce à une communion plus profonde et plus intense avec la réalité*

> **L'inquiétude** est la
> servante de la
> **créativité.**
> CHUCK JONES

> **L'adversité** révèle le
> génie, la **prospérité**
> le dissimule.
> HORACE

intérieure et extérieure. La créativité est à la fois l'étincelle qui fait jaillir l'inspiration et l'effort soutenu qui permet de réaliser cette idée.

La créativité s'exprime sous plusieurs formes. En cherchant plus loin, on peut trouver une foule d'exemples de ce que peut faire un esprit créatif. Comme nous l'avons déjà dit, une part du défi consiste à renverser l'idée que la créativité se borne aux œuvres d'art, toile, sculpture ou une prèce de musique. Nous avons nous-mêmes déjà cru que le génie était loin de notre portée et qu'il ne hantait que des gens comme Mozart. On pense que l'écriture est réservée aux plus doués et que les gens créatifs sont nés pour être doués.

Dans la société d'aujourd'hui, la créativité prend un nouveau sens. Nous vivons une époque créative. Il y a des employeurs créatifs qui recherchent des employés créatifs, qu'il s'agisse d'un cuisinier ou d'un philosophe. L'humour est un effort créatif. On croit que l'art épistolaire se perd, mais lorsqu'on se laisse aller, on peut écrire des lettres pleine d'imagination. C'est le cas de tante Ethel.

Cher Carl,

Je t'écris lentement parce que je sais que tu ne lis pas vite. Nous ne vivons plus où nous habitions quand tu es parti. Nous avons déménagé après que ton père eut lu dans le journal que les accidents survenaient souvent à moins de vingt kilomètres de la maison. Je ne peux t'envoyer notre adresse. La famille qui habitait ici a emporté le numéro civique afin de garder la même adresse.

Nous avons une machine à laver. Le jour de notre arrivée, j'ai lavé quatre chemises et j'ai tiré la chasse. Devine ce qui s'est passé ? Je ne les ai pas retrouvées.

Il a plu deux fois la semaine dernière ; trois jours, la première fois et quatre jours, la deuxième.

À propos du manteau que tu veux que je t'envoie par la poste, je dois te dire que tante Lucille le trouvait trop lourd, alors nous avons enlevé les boutons. Ils sont cachés dans les poches.

Nous avons reçu la facture de la maison funéraire. Ils prétendent que nous n'avons pas payé les funérailles de tante Ginette. Attends qu'elle arrive.

Nous avons appris que tu as eu un bébé. Dis-moi vite s'il s'agit d'un garçon ou d'une fille afin que je sache si je suis un oncle ou une tante désormais.

Ton oncle Jean est tombé dans le whisky. Des hommes ont essayé de le sauver mais il s'est noyé. Nous l'avons fait incinérer et il a brûlé pendant trois jours.

Trois de tes amis ont sauté par-dessus le parapet du pont en décapotable. L'un d'entre eux était au volant et les deux autres se sont noyés parce qu'ils ne parvenaient pas à ouvrir la porte.

Tante Isabelle est en train de te tricoter des bas. Elle voulait te les envoyer. Je lui ai dit que tu as grandi et que tu as un pied de plus depuis la dernière fois où elle t'a vu. Elle tricote un troisième bas.

Il n'y a rien de neuf à part ça.

Tante Ethel qui t'aime

On sous-estime souvent la créativité alors qu'elle ne se borne pas à la peinture ou à l'écriture. Avoir de la créativité signifie avoir du talent, de l'imagination, de la personnalité, des valeurs et de la motivation. On peut apprendre ce qu'est la créativité et faire des expériences, mais on ne doit pas l'aborder de façon logique. Vous le constaterez par vous-même. Au cours de ce chapitre, vous suivrez les conseils que vous voudrez bien suivre. Vous trouverez que certaines choses vont de soi et d'autres, non.

Peut-être vaut-t-il mieux utiliser le seul outil à notre disposition pour atteindre ce qui se trouve habituellement hors de notre portée ? Ce n'est pas tout le monde qui est d'accord avec toutes ces idées. Mais la créativité existe depuis le début du monde et elle est

> Ne pensez pas ! Penser est l'ennemi de la créativité. C'est être conscient de soi et de ce que l'on fait et rien n'est plus moche. On ne peut pas essayer de faire les choses. On doit les faire.
>
> RAY BRADBURY

là pour rester. Tout le monde est créatif qu'on le veuille ou non et chacun choisit d'explorer la créativité à sa façon.

Les différentes formes de créativité

Il est temps d'expliquer ce que l'on entend par créativité, pensée créative et expression de la créativité. Les gens qui parlent ou qui écrivent à ce sujet expriment différents points de vue.

Nous exerçons notre créativité lorsque nous commençons à pratiquer une des multiples formes de l'expression. La créativité signifie apporter du neuf à l'existence. On peut créer sans même écrire un seul mot ni peindre une seule toile. En fait, il suffit de modeler sa vie intérieure.

La pensée créative implique de rompre le cours de la pensée logique. Il suffit de laisser libre cours aux idées et aux nouvelles façons de voir que fournissent l'imagination, l'intuition et les rêves, sans juger, se censurer ou se restreindre. Il faut parfois briser les règles et les modèles établis qui nous freinent à tout moment. Cela nous permet de mieux résoudre les problèmes de tous les jours.

> L'état créatif permet à l'homme de sortir de lui-même. Il puise dans l'inconscient ce qui se trouve habituellement hors de sa portée. Sa pensée et ses expériences s'entremêlent et à partir de ce mélange, il crée une œuvre d'art.
>
> E.M. FORSTER

Joy Coghill est une actrice chevronnée. Elle prétend qu'une longue vie est l'occasion rêvée de faire un don important à la société. Elle a fondé le Western Gold Theatre, une compagnie de théâtre pour les artistes de l'âge d'or. Les artistes âgés sont plus sages et plus expérimentés qu'à 40 ou 50 ans, et Joy estime qu'ils ont aussi quelque chose de nouveau, de frais et d'unique à dire. Et lorsqu'on a un talent particulier et la chance de l'exprimer, on embellit la vie.

Coghill a constaté ce fait chez les artistes de la scène mais l'expression créative se manifeste partout. Vous pouvez exprimer votre créativité par le tricot ou en jouant au golf, si vous pratiquez ce sport comme un art ou une forme de méditation. Cela dépend si vous le faites de façon entière,

> Il n'est **jamais trop tard** pour devenir ce que vous **auriez pu** être.
> GEORGE ELIOT

avec le corps, l'esprit et l'âme. L'expression créative donne un regain d'énergie et de vitalité à tout le monde.

L'esprit créatif ne meurt pas et ne décline pas avec l'âge, à moins de le tuer ou de le réprimer. La créativité est bloquée si on l'ignore, si on la sous-estime ou si on l'anesthésie en mettant son esprit en veilleuse (par exemple, en regardant la télé). Cela évoque la pièce de Tchékov, *La Mouette*. La mouette empaillée est sur le manteau de la cheminée, le regard fixé sur des gens qui jouent aux cartes, des gens qui souffrent de paresse et d'apathie, des personnages aux croyances bornées, enracinées en eux depuis l'enfance et qui leur dictent ce qu'ils peuvent faire ou non.

Nous sommes bornés par les limites que nous nous fixons nous-mêmes. En fait, on peut accomplir beaucoup plus au cours de l'ultime partie de notre vie simplement parce qu'il n'est plus nécessaire d'être « parfait ». Il faut simplement agir ! Il n'importe plus de plaire aux autres mais d'enrichir son âme et son esprit. Quand les artistes s'expriment sur scène, ils offrent plus qu'un bon spectacle. Assister à un spectacle en direct a un effet extraordinaire sur la santé et sur le bien-être des spectateurs.

Aller au théâtre donne un regain d'énergie et de vitalité aux spectateurs tout en suscitant un sentiment de bonheur trop souvent absent des représentations médiatisées (télévision et cinéma). Les médecins devraient prescrire une soirée à l'opéra plutôt que des remèdes coûteux aux effets secondaires néfastes. De plus, un spectacle en direct suscite des émotions positives (estime de soi, maîtrise de soi, sentiment d'optimisme) qui peuvent inciter les gens à adopter un mode de vie plus sain. Par ailleurs, de nouvelles preuves permettent de penser que les émotions positives renforcent les systèmes nerveux, immunitaire et endocrinien.

C'est le moment de récapituler. Qu'est-ce que la créativité ?

La créativité, c'est...

- Dessiner un vêtement original.
- Regarder la vie avec humour.
- Changer les chaises de place dans une pièce.
- Inventer de nouvelles solutions.
- Faire de la pantomime, nourrir des pensées créatives et semer la bonne humeur.
- Danser.
- Créer un mets gastronomique.
- Inventer une réponse originale.
- Composer un morceau de musique.

Tony Buzan disait que « la créativité est aussi essentielle à la vie que le souffle. » Elle vous permet d'être souple et inventif et d'aborder tous les genres de problèmes. La créativité aide à s'adapter aux changements ; elle diminue le stress et augmente le plaisir de vivre. Il existe de nombreux bienfaits à inventer des moyens créatifs de vivre votre vie. Une fois que vous prenez conscience de vos capacités, vous êtes libre d'accomplir tous vos rêves. Comme toute chose nouvelle, la créativité peut devenir un talent plutôt qu'un don inné. On peut apprendre la créativité, la nourrir et l'améliorer.

> La fin de chaque créateur est **lui-même**.
> SAINT THOMAS D'AQUIN

Pourquoi doit-on être créatif?

- Les gens créatifs résolvent des problèmes.
- Les gens créatifs n'ont pas peur de l'avenir. Ils trouvent que les changements apportent de nouveaux défis à relever.
- La créativité est bonne pour la santé.

- Les gens créatifs ont des avantages.
- On a grand besoin de sortir des sentiers battus de nos jours.

Les murs de l'âgisme s'écroulent peu à peu chaque fois qu'une personne âgée contribue à changer ou à créer de nouvelles façons d'envisager la vie. On peut s'inspirer des gens célèbres pour leur créativité, comme Georgia O'Keefe ou George Burns. Plus près de nous, dans nos communautés, on remarque d'autres gens âgés qui font preuve de créativité et que de nouvelles amitiés se nouent entre les générations. Enfin, on peut regarder à l'intérieur de soi et trouver la capacité de faire croître sa créativité et de l'exprimer pour s'élever et inspirer les autres... Chacun peut faire sa part en servant une cause. C'est cette part que chacun laisse en héritage.

GENE COHEN

On ne saurait clore le débat sans s'émerveiller devant les exploits qu'ont accomplis des gens très âgés. Quand on aura réussi à faire ça, on n'aura plus besoin de présenter des preuves.

Avant de vous suggérer comment exercer vos pouvoirs créatifs, voici le témoignage d'une des participantes au programme de mise en forme.

Sortir des sentiers battus PAR JO EBERT, 85 ANS

L'expression « sortir des sentiers battus » est à la mode, même dans le monde des affaires, et c'est une des conséquences de la pensée créative. La créativité existe chez chaque être humain et pas seulement chez les plus doués. C'est l'expression du génie humain. L'esprit créatif nous pousse à explorer de nouvelles avenues, à nous débarrasser des mythes négatifs qui nous ont martelé la tête pendant des années. On croit entre autres que les capacités physiques et mentales déclinent avec l'âge. Ce n'est pas vrai et y croire nous empêche de profiter de la vie. Alors, je vais vous raconter comment je suis sortie des sentiers battus.

> La seule chose difficile pour **créer**, c'est de commencer ; il n'est **pas plus difficile** de semer un brin d'herbe qu'**un chêne**.
>
> James Russell Lowell

Il y a quelques années, j'ai eu l'occasion de vivre une expérience des plus excitantes. J'assistais à la pièce de Morris Panuch, *The History of Things to Come*. Comme le titre l'indique, c'était une pièce obscure et je n'ai rien compris. Mais à un moment donné, l'acteur qui avait le premier rôle demanda s'il y avait des volontaires parmi les spectateurs. Je me trouvais à la quatrième rangée en avant et je pensais qu'il allait me choisir. Et c'est ce qui arriva. Il me fit entrer dans les coulisses. On me donna un costume et une couronne avant d'entrer en scène. Les acteurs me posaient des questions. Enfin, l'un d'eux me demanda : « Comment êtes-vous devenue reine ? » Et je répliquai : « Je ne l'étais pas jusqu'à ce que vous m'enleviez. » Il croyait sans doute que j'allais voler la vedette car il me repoussa dans les coulisses.

J'étais satisfaite de moi. C'était une expérience merveilleuse. Je n'aurais jamais eu le courage de faire ça si je n'avais pas suivi les cours de mise en forme. Ces cours nous donnent l'occasion de parler devant un groupe. On nous encourage à le faire et on nous donne tout le support nécessaire. Cela renforce l'estime de soi et il est plus facile d'entreprendre de nouvelles aventures.

> Lorsque vous êtes complètement **absorbé** par ce que vous faites, vous ne vous souciez ni de l'**heure** ni des **gens**. C'est à ce moment que l'**imagination se libère**.
>
> Rollo May

Alors vous voyez, sortir des sentiers battus est très valorisant. J'ai réussi à le faire à 84 ans, alors il n'est certes pas trop tard pour vous. Et n'attendez pas aussi longtemps que moi pour vous amuser.

Jo Ebert est née en 1917, en Nouvelle-Zélande. Elle est arrivée au Canada à l'âge de cinq ans. Elle est infirmière diplômée de l'hôpital St. Paul et elle suit le programme de mise en forme mentale depuis plusieurs années. Sa bonne humeur et son enthousiasme ont rendu chaque cours plus agréable. Elle dit que nous allons nous ennuyer d'elle lorsqu'elle nous quittera à 102 ans.

C'est à votre tour de devenir créatif

Il ne suffit pas de suivre des étapes pour devenir créatif, service garanti ou argent remis. C'est impossible. D'autre part, la créativité ne doit pas être laissée seule à elle-même. Nous ne pouvons pas vous promettre la Chapelle Sixtine, mais nous vous donnerons un moyen de réfléchir sur la créativité qui réside en chacun de nous et permet de créer un mode de vie plus heureux. Nous espérons que vous choisirez d'explorer votre créativité. Parmi les idées et les suggestions suivantes, choisissez-en une pour sonder votre côté créatif ou nourrir la créativité qui vous habite et que vous exprimez déjà.

Exercices

1. Commencez votre propre programme d'activités créatrives.
2. Essayez une robe d'un nouveau style.
3. Prenez le temps de jouer avec des enfants et avec l'enfant qui est en vous.
4. Lisez des ouvrages sur la créativité. (Nous recommandons fortement *The Creative Age*, par Gene Cohen, et le *Book of Genius*, par Tony Buzan.)
5. Faites-vous des amis parmi des gens de tous âges et de tous les milieux.
6. Travaillez à résoudre les problèmes au lieu de vous faire du souci.
7. Développez votre sens de l'humour. Apprenez à dire une blague.

8. Commencez ou continuez à écrire de la poésie.

9. Développez vos talents artistiques. Enrôlez-vous dans une troupe de théâtre ou suivez un cours de dessin.

10. Changez de vocabulaire. Éliminez les mots négatifs et remplacez-les par des expressions positives.

11. Lisez des livres qui traitent de différents sujets.

12. Apprenez quelque chose dont vous ne savez rien du tout.

13. Faites jouer de la musique que vous ne connaissez pas. Peut-être que les nouvelles vibrations stimuleront votre cerveau. Il semble que les bébés qui écoutent la musique de Mozart deviennent plus créatifs. Écoutez Mozart et voyez si cela vous rend plus intelligent et plus créatif.

14. Notez vos idées les plus folles dès qu'elles surgissent à votre esprit.

15. Ne craignez pas de cultiver une passion.

16. Découvrez vos forces, développez-les et soyez-en fier. (Tout le monde a un talent particulier qui n'attend que l'occasion de se manifester.)

17. Trouvez un bon professeur ou un mentor qui vous aidera.

18. Ne gaspillez pas votre temps ni votre énergie en essayant en vain d'être parfait en toute chose. Concentrez-vous sur ce que vous faites le mieux et qui vous passionne.

19. Organisez une chasse aux trésors avec vos amis.

20. Entourez-vous de souvenirs heureux, de photos qui vous font vibrer. Changez-les de place tous les mois.

21. Transformez un couloir en galerie d'art.

22. Inventez vos propres jeux et proposez-les au cours de la prochaine fête.

23. Asseyez-vous et ne pensez qu'aux belles choses, goûtez à la paix et laissez votre esprit créer.

Voilà des idées qui vous inciteront à explorer votre créativité. Il y a d'autres livres pleins d'idées, mais votre cerveau en a plus que vous ne pouvez l'imaginer. Nous aimerions que vous sachiez que vous aussi, vous pouvez être un génie. Tony Buzan raconte que les psychologues qui ont étudié la vie de Mozart qualifiaient ce dernier de « psychotique positif » parce que les lettres qu'il adressait à sa femme regorgeaient d'optimisme.

> Les gens disent souvent d'une **personne** qu'elle ne s'est pas encore trouvée. Mais se trouver n'est pas une **chose** que l'on trouve, c'est une chose que **l'on crée.**
> THOMAS SZASZ

Au début des années 1990, les psychologues qui étudiaient les lettres de Mozart révélèrent qu'ils avaient découvert quelque chose d'étrange. À leur avis, Mozart était un « psychotique positif ». Ils l'ont désigné ainsi parce qu'ils ont trouvé une lettre qu'il avait écrite à sa femme et dans laquelle il racontait que la première représentation de son opéra avait été particulièrement réussie. Mozart décrivait d'abord les aspects positifs de la représentation. À la fin de la lettre, il mentionnait qu'il n'avait pas reçu l'appui de la critique et que la salle ne comptait que dix spectateurs.

À l'instar d'autres illustres génies, Mozart avait l'intuition qu'il valait mieux se concentrer sur les côtés positifs pour améliorer le processus de création et la composition musicale. Contrairement à ce qu'affirmaient les psychologues, il était vraiment optimiste. En son honneur, Tony Buzan appelle la créativité + l'optimisme le principe d'Amadeus.

Nous espérons vous avoir convaincu que vous pouvez devenir plus créatif que vous l'êtes maintenant. Tout ce que vous avez à faire pour y parvenir, c'est d'exercer vos pouvoirs créatifs. Au cours du prochain chapitre, nous étudierons le principe d'Amadeus. Nous vous démontrerons comment devenir optimiste et le demeurer tout au long de votre voyage à travers le temps. Faites-vous la promesse d'être plus créatif et de vivre passionnément chaque jour de votre vie.

Devoir

Amusez-vous à écrire un poème de quatre strophes, un poème drôle. Faites-le lire à quelqu'un. Cela pourrait avoir le rythme suivant :

> *J'ai vu briller le soleil*
>
> *À travers les montagnes*
>
> *Doux, doux, soufflait le vent*
>
> *Brisé par l'écho d'une corneille.*

Cela ne prend que trente secondes. Si vous détestez la poésie ou si vous n'avez pas envie d'écrire, faites-le tout de même, cela vous détendra.

4

Une attitude optimiste

J'ai fait une découverte qui a révolutionné ma vie quand j'ai compris que les individus peuvent changer leur vie en changeant leur attitude d'esprit.
WILLIAM JAMES

*C*e chapitre est consacré à l'attitude mentale. Nous verrons en quoi cela consiste, ce qui est le plus important et comment développer une attitude mentale positive. Le dictionnaire Webster définit le mot attitude comme une façon d'agir, de se sentir ou de penser : la disposition ou le point de vue. C'est un cadre de l'esprit qui affecte les pensées et le comportement de chacun. Le mot optimisme dérive du latin optimum, qui signifie meilleur, et que l'on définit comme une inclination à espérer ce qu'il y a de mieux. Notre définition de la santé mentale consiste à développer une attitude mentale positive en voyant les choses sous un jour favorable et à espérer le meilleur. Le grand poète Horace décrit l'optimisme de la façon suivante : « Ne pense pas à ce qui arrivera demain. Il arrivera ce qui arrivera et à chaque jour suffit sa peine ».

Quels sont les avantages et les bienfaits d'avoir une attitude positive ? Que nous révèle la recherche à ce sujet ? Que faire pour être plus optimiste et le demeurer ? Quel rôle joue l'espoir ? Adopter une attitude optimiste est ce qu'il y a de plus important pour avoir l'esprit en forme Au cours des pages suivantes, nous avons l'intention de vous en convaincre.

Échauffement

Essayez de résoudre le problème suivant. Même si vous ne trouvez pas la solution, vous aurez du plaisir à essayer.

Exercice 1 : **La fille du meunier**

Il y a bien des années de cela, un pauvre meunier ne pouvait plus payer son loyer. Le propriétaire du moulin était un vieil avare et il menaçait d'évincer le meunier, sa femme et sa fille. Toutefois, il leur fit la proposition suivante. La fille du meunier était jeune et belle, et si elle acceptait de l'épouser, il oublierait les dettes et laisserait le meunier et sa femme vivre dans le moulin gratuitement.

La famille se réunit pour discuter de l'offre. La fille était horrifiée à l'idée d'épouser un vieil homme mais elle comprenait que c'était l'unique espoir de ses parents. Elle suggéra de tirer au sort. Si le propriétaire l'emportait, elle accepterait de l'épouser. Si elle gagnait, il effacerait toutes les dettes et elle ne serait pas obligée de l'épouser. Le propriétaire accepta.

Ils marchaient tous les deux sur un sentier parsemé de pierres. Le propriétaire suggéra de mettre une pierre noire dans un sac et une pierre blanche dans un autre. S'il pigeait une pierre noire, elle devait l'épouser ; s'il pigeait une pierre blanche, elle serait libre. La jeune fille accepta. Mais quand elle le vit ramasser deux pierres noires et les mettre dans un sac, elle comprit qu'il trichait.

Elle pouvait le dénoncer en montrant qu'il y avait deux pierres dans le sac, mais elle ne voulait pas perdre la face devant tout le monde et provoquer la colère du propriétaire. Comment pouvait-elle gagner, tout en sachant qu'il y avait deux pierres dans le sac ?

Optimisme : la liberté de choisir

On ne peut parler d'optimisme sans mentionner un des êtres les plus remarquables du siècle dernier. Dans son livre *Man's Search for Meaning*, le Dr Viktor Frankl raconte les trois années qu'il a passées dans les camps de concentration. Il décrit les traumatismes et les souffrances qu'il a subis à Auschwitz et à Dachau. Il a vu des amis et des proches se faire enterrer vivants ou être conduits aux chambres à gaz. Toutefois, il a survécu à la faim et à la torture. Victor Frankl a appris des choses remarquables. Voici le message qu'il nous a laissé :

> *Ceux qui ont vécu dans les camps de concentration se souviennent des hommes qui marchaient à travers les baraques pour consoler les autres et leur donner leur dernier bout de pain. Ils étaient peu nombreux à agir de la sorte, mais cela prouve que l'état d'esprit détermine notre attitude. On peut tout enlever à un homme sauf l'ultime liberté de choisir son attitude selon les circonstances et d'agir à sa façon. Et il y avait toujours des choix à faire. À chaque heure du jour, nous avions l'occasion de prendre une décision, une décision qui déterminait si nous allions ou non nous soumettre aux forces qui menaçaient notre liberté intérieure...*

Les survivants d'Auschwitz et de Dachau ont choisi de préserver cette liberté, et ont adopté une attitude qui les a aidés à surmonter chaque heure et chaque minute. Frankl avait le choix et nous l'avons, nous aussi. Nous pouvons adopter un point de vue pessimiste ou optimiste, avoir l'espoir de croire que tout finit par passer et que le meilleur est à venir.

On croit souvent être optimiste sans comprendre au juste ce que ça signifie. Nous avons décidé de creuser le sujet. Beaucoup de gens se servent du cliché « Ne lâche pas ». C'est une devise couramment utilisée, mais ça ne reflète pas ce qu'est l'optimisme.

Il existe d'excellents livres sur l'attitude positive. Au cours de ce chapitre, nous parlerons de ceux qui ont influencé notre travail. Le sujet revêt une telle importance que cela doit être le point de départ. Dans la vie, tout repose sur notre attitude, y compris la santé mentale. Nous en parlons à ce stade-ci parce que nous savons que vous êtes mûr pour le sujet. Sans avoir une attitude positive, personne ne réussit et personne ne peut prétendre être en forme.

En développant un regard positif, vous mettez fin à une vieille façon de penser et de vivre. Vous troquerez une existence dénuée de passion et d'énergie contre une vie pleine d'aventures et de plaisirs à la mesure de vos aspirations. Les pensées négatives empoisonnent l'esprit et le corps. Des pensées positives ravigotent l'esprit et donnent la santé. Une attitude positive se remarque chez toute personne en santé.

Vous pouvez voir les choses de la façon suivante. D'un côté, l'esprit est positif et de l'autre, il est négatif. La pensée négative annule la pensée positive et vous devinez où cela nous mène.

Voici le point de vue de Charles Swindoll, un auteur de manuels scolaires, sur l'importance de l'attitude :

> *En prenant de l'âge, je constate que l'attitude a un grand impact sur la vie. À mon avis, l'attitude a plus d'importance que les faits. Elle a plus d'importance que le passé, l'éducation, l'argent, les circonstances, les échecs, les succès et ce que pensent, disent ou font les autres. C'est plus important que l'apparence et le talent. Elle garantit le succès ou la ruine d'une compagnie, d'une communauté ou d'un foyer. Il est remarquable de constater que nous avons le pouvoir de choisir l'attitude que nous adopterons pour le reste de la journée. On ne peut pas changer le passé. On ne peut pas changer le fait que les gens se comportent d'une certaine façon. On ne peut pas empêcher l'inévitable. Nous pouvons seulement miser sur ce que nous avons. C'est ce qui détermine notre attitude. Je suis convaincu que mes réactions face aux événements de la vie sont plus importantes que les événements eux-mêmes. C'est vrai dans 90 pour cent des cas, et c'est comme ça pour vous aussi. ...Nous sommes maîtres de nos attitudes.*

Attitude positive

Nous sommes ce que nous aimons être. Tout ce que nous inventons. Avec nos pensées, nous créons notre propre univers.

GAUTAMA BUDDHA

L'attitude mentale positive est une combinaison des trois ingrédients décrits par Napoleon Hill : (1) les mots positifs : honnêteté, fidélité, amour, intégrité, espoir, optimisme, courage, générosité, gentillesse et bon sens ; (2) les forces mentales ; (3) les attitudes qui reflètent les humeurs et les sentiments que vous avez à l'égard de vous-même, d'une autre personne, d'une situation, d'une circonstance ou d'une chose en particulier. On a beau dire aux gens de « faire comme si de rien n'était » ou encore de « sourire un peu », ça ne les aide pas pour autant.

L'attitude positive n'est pas un concept en l'air comme tout le monde peut le croire. On peut avoir un regard positif, une pensée positive, un point de vue optimiste, mais en dépit du nom qu'on lui donne, il faut du talent et des connaissances pour développer et maintenir une attitude positive ainsi que les techniques que vous êtes sur le point d'apprendre.

L'attitude positive est d'avoir l'esprit enclin à voir instantanément le côté positif d'une situation même si elle est négative. Qu'arrivera-t-il si vous croyez que tout événement négatif cache un élément positif ? Une phrase qui fait plaisir. Ou peut-être un cadeau ? C'est ce qu'on entend par avoir une attitude positive. Il n'y a rien de mystique, c'est réel. C'est une façon saine de penser, un mode de vie, une façon d'agir et de réagir aux bonnes et aux mauvaises situations de la vie.

Vous avez entendu souvent l'histoire du verre à moitié plein ou à moitié vide. Les gens qui trouvent que le verre est à moitié plein voient immédiatement ce qu'il y a de positif lorsque ça va mal. Les gens qui agissent de cette façon ne sont pas aveugles. Les optimistes ont une attitude mentale positive (AMP) et les pessimistes ont une attitude mentale négative (AMN).

Nous avons tous les moyens de réaliser ce que l'on veut, y compris de dominer nos peurs et trouver des solutions ingénieuses pour affronter les défis. Tant que nous vivons, nous pouvons choisir comment réagir selon les situations qu'elles soient bonnes ou mauvaises. Renforcer l'optimisme donne de l'assurance et lorsque le malheur frappe, nous avons le courage de l'affronter. Lorsqu'une bonne occasion se présente, nous en profitons. Il en va ainsi avec l'adversité. Un coup dur nous donne toujours une bonne leçon si nous avons la bonne attitude.

> L'attitude **positive** n'est pas une destination. C'est un **mode de vie**.

Une attitude positive a le pouvoir de changer la vie. À notre époque, la peur niche en chacun de nous. Plusieurs événements sont hors de notre contrôle mais au lieu de « lutter », « survivre » et « accepter » ce qui nous arrive, il existe d'autres recours pour dominer la peur, rendre la vie plus rassurante, protéger les enfants, se sentir moins vulnérable et goûter aux joies de la vie.

Avoir une AMP procure des bienfaits. Une attitude mentale positive...

- Permet de penser et d'agir de façon constructive.
- Aide à atteindre le succès et à réaliser vos rêves.
- Permet d'exprimer le meilleur de vous-même. (Vous ne gaspillez pas votre temps à vous soucier du passé ou à souhaiter que l'avenir s'éclaire.)

> Faites tout le **bien** que vous **pouvez**. Employez tous les **moyens** pour y **arriver**, en tout temps et en tout lieu, tant et aussi longtemps que vous le pourrez.
>
> JOHN WESLEY

- Vous encourage à saisir les bonnes occasions.
- Renforce votre capacité de maîtriser les pensées négatives.
- Vous assure d'avoir des pensées positives et des sentiments qui suscitent la joie.
- Fait de chaque obstacle un mal pour un bien.

William James (1842-1910), médecin à Harvard et fondateur de la psychologie en tant que discipline, croyait fermement que la vie est une lutte entre le pessimisme et l'optimisme. Il s'élevait contre toute pensée négative qui sème le doute et entraîne des échecs. Il croyait que l'univers était rempli

> Il n'est jamais trop tard pour devenir ce que vous auriez pu être.
> GEORGE ELIOT

de possibilités. Il croyait que les gens pouvaient progresser, améliorer leur vie et utiliser la force de penser. Il croyait que chacun de nous décide de son avenir.

Afin de vous aider à mieux comprendre l'attitude mentale positive et ses bienfaits, nous allons survoler ce que les experts ont à dire à ce sujet.

Les résultats de la recherche sur l'attitude

Au cours des années, nous avons été inspirés par des résultats optimistes. Ce sont des études qui entrevoyaient les bienfaits de l'AMP. Elles vous permettront de réfléchir à vos attitudes et de les modifier par vous-même.

Il est difficile de renoncer à croire que l'esprit décline avec l'âge. C'est une conviction profondément incrustée dans nos cœurs, dans nos esprits et dans notre culture. Grâce au travail de Marian Diamond et des autres pionniers en la matière, nous savons que la stimulation permet toutefois à l'esprit de continuer à apprendre et à croître jusqu'à la fin de la vie. Paul Baltes, professeur de psychologie, affirme que nous vivons une ère « où l'esprit est en perpétuel développement ». Nous ne devons plus craindre la perte inévitable de nos facultés mentales.

L'âge ne serait plus qu'un prétexte pour ne pas vivre passionnément jusqu'à la fin de notre vie. Cela est en soi un des messages les plus optimistes du XXIe siècle. Êtes-vous convaincu ? N'est-ce pas suffisant pour devenir optimiste ? Non, bien sûr. Connaître des faits positifs ne suffit pas à vous rendre optimiste.

Il y a plus que ça. L'AMP est bonne pour votre santé. Une attitude positive rejaillit sur tous les aspects de l'existence et fait autant de bien à l'esprit qu'au corps. Cela se produit grâce aux hormones qui agissent sur le système immunitaire. La Dr Christiane Northrup explique que les émotions et les pensées sont physiquement liées au corps par les systèmes immunitaire et endocrinien et par le système nerveux central. Une des premières études sur l'attitude se trouve dans *Anatomy of an Illness*, par Norman Cousins. L'auteur décrit comment le rire lui a permis de surmonter une maladie incurable. Son AMP et son effet sur le système immunitaire lui ont sauvé la vie.

Alors nous savons que l'AMP est bénéfique pour la santé. Mais cela s'applique sans doute à quelqu'un d'âge moyen, direz-vous. Et que dire des maladies du cerveau ? En dépit des nouvelles rassurantes, le spectre de la maladie d'Alzheimer nous hante et provoque la peur, l'anxiété et la dépression. Une des études les plus optimistes au sujet des maladies du cerveau est celle qu'on a faite chez les sœurs.

En 1986, le Dr David Snowdon, épidémiologiste, allait tout chambarder en menant une étude auprès de 678 nonnes catholiques âgée de 75 à 106 ans. Nous en avons parlé dans l'introduction de ce livre. En examinant les antécédents médicaux, les aptitudes cognitives et le cerveau des sœurs de l'école Notre-Dame, Snowdon a découvert une preuve spectaculaire qui démontre que le temps use le corps, alors que « l'esprit suit son propre calendrier ». De plus, cette étude conclut sur une note d'espoir. Étudier tout au long de la vie semble empêcher et/ou retarder les symptômes de la démence et notamment ceux de la maladie d'Alzheimer.

Le rôle de l'espoir

L'espoir joue un grand rôle dans la vie. Plus qu'une simple disposition à la bonne humeur et à croire que tout ira bien, il permet de vivre sans avoir peur de perdre vos facultés mentales, de croire que vous avez les ressources pour réaliser vos buts et de contrôler le cours de votre vie. Avoir de l'espoir signifie croire en un avenir meilleur. Les sœurs de l'école Notre-Dame démontrent que le vieil âge peut être le temps de renaître et de transmettre les leçons de la vie aux générations suivantes.

> **Changer d'attitude change votre vie.**

L'espoir peut avoir un effet positif sur la santé, alors que manquer d'espoir nuit à celle-ci. Lorsque quelqu'un apprend qu'il a un risque élevé d'avoir la maladie d'Alzheimer, il peut conclure qu'il est déjà frappé par la maladie ou que cela ne tardera pas à arriver. Vivre dans la peur d'avoir une maladie que vous n'avez pas et qui n'apparaîtra jamais est peut-être faire preuve de complaisance.

Snowdon examina d'abord une étude effectuée à la clinique Mayo au cours des années 1960, où 839 patients avaient passé un test de personnalité. D'après leurs résultats, les patients avaient été classés optimistes ou non. L'étude montrait que, trente ans plus tard, il y avait plus d'optimistes en vie. Pourquoi ? Snowdon décida de consulter les autobiographies que les sœurs avaient écrites alors qu'elles étaient des jeunes femmes afin d'y chercher des indices expliquant leur longévité.

Il analysa 180 autobiographies. Elles contenaient 90 000 mots et il releva 15 298 mots reliés aux émotions. Quatre-vingt-quatre pour cent d'entre elles étaient des émotions positives et seulement 14 pour cent étaient négatives. Les résultats montraient clairement que le contenu émotionnel indiquait qui allait vivre le plus longtemps. Les sœurs qui utilisaient plus de mots positifs vécurent en moyenne 6,9 années de plus que les autres.

Notre recherche sur la santé mentale identifie une foule de bienfaits et relève des effets significatifs sur la vie des individus, incluant une confiance accrue, ainsi qu'une hausse de l'estime de soi, une énergie renouvelée, de l'optimisme et de l'enthousiasme. S'engager à suivre un programme de mise en forme ranime l'espoir, un des principaux facteurs pour acquérir et conserver la santé.

Au sein des cercles universitaires, on s'interroge à savoir si un programme de mise en forme peut retarder ou empêcher les symptômes de la maladie d'Alzheimer. Dot Josey, une femme inscrite au programme, n'a pas de doute à ce sujet. À l'âge de 81 ans, Dot affirme avoir l'esprit plus en forme qu'à d'autres époques de sa vie. Voici ce qu'elle raconte à ce sujet :

L'attitude positive PAR DOT JOSEY, 81 ANS

Je suis une personne qui a la chance d'avoir une AMP. Je n'ai pas été à l'université pour le savoir, mais j'ai travaillé pour l'acquérir. Quand j'ai commencé à fréquenter les cours de mise en forme, j'ai constaté que j'avais besoin d'être plus positive. Je devais également réactiver ma capacité d'apprendre. Après avoir fait beaucoup d'efforts pour «essayer de voir le côté clair des choses», ma vie est devenue plus sereine. Je me sentais motivée, capable d'affronter les problèmes, de planifier et d'établir des buts à mon niveau et d'éprouver la satisfaction de les réaliser. C'est comme si j'avais porté des œillères. Maintenant, je m'efforce de toujours voir le bon côté des choses.

> La vie est une **aventure** qui vaut la peine d'être **vécue**.
> HELEN KELLER

Le point de départ de tout projet est d'avoir une raison d'être motivé. Dès que vous identifiez votre but, vous pouvez voir les avantages surgir presque automatiquement. Le premier est que votre subconscient commence à travailler sous un dénominateur commun. Ce que l'esprit peut concevoir et croire, il peut l'accomplir grâce à une attitude positive. Lorsque vous visualisez vos buts, l'auto suggestion agit sur le subconscient et cela vous aide à parvenir à vos fins.

Le second avantage à savoir ce que vous voulez, c'est que cela permet de garder le cap. Le troisième avantage à développer une attitude positive apparaît quand vous commencez à étudier, à penser et à planifier. Plus vous nourrissez vos espoirs, plus vous devenez enthousiaste et plus vous désirez atteindre vos buts. Le quatrième avantage consiste à trouver les occasions propices à la réalisation de vos buts. Lorsque vous savez ce que vous voulez, vous reconnaissez ces occasions.

Une attitude positive vous garde en santé. Elle procure un sentiment de bien-être. C'est un fait connu que si vous avez l'air positif, vous surmonterez plus facilement et plus rapidement une maladie. Il y sept ans, j'ai subi une opération au cœur. L'intervention a duré cinq heures. Je suis certaine que c'est mon attitude positive qui m'a permis de quitter l'hôpital moins de deux semaines après l'opération et de poursuivre mon travail de bénévole. Trois mois plus tard, j'animais un cours de mise en forme pour les aînés. Cette expérience m'a appris beaucoup de choses et j'en suis sortie plus forte. Mon attitude positive a servi de tremplin pour redevenir active.

Participer à un programme de mise en forme m'a ouvert l'esprit à toutes sortes d'idées et a stimulé ma curiosité pour apprendre de nouvelles choses. Le programme a rehaussé mon amour-propre et m'a donné plus de confiance, mais avant tout, il m'a permis de constater tout ce que je peux faire.

Les facultés mentales ne diminuent pas en vieillissant. Le défi consiste à faire un exercice mental tous les jours et à cultiver une attitude positive. Il n'y a pas de doute, vous serez plus en santé et plus heureux.

Dot Josey est née en Angleterre en 1922. Elle était à Londres pendant le Blitz. Elle est venue au Canada pendant la guerre et a élevé ses trois fils tout en travaillant. Depuis qu'elle a pris sa retraite, elle est bénévole au Century House où elle anime un cours de gymnastique douce pour les aînés. Dot s'est impliquée dès le début des cours de mise en forme pour la santé mentale et elle dirige le comité des activités pour la santé mentale.

Êtes-vous optimiste ou pessimiste ?

Une explication de l'optimisme ne saurait être complète sans parler du travail effectué par le professeur Martin Seligman, de l'université de Pennsylvanie. Il est l'auteur de *Learned Optimism* et il explique en quoi consiste le sentiment d'impuissance. Au cours de ce chapitre, nous vous donnerons la base, un cours « Optimisme 101 ». Plusieurs d'entre vous voudront creuser le sujet et nous vous recommandons fortement de le faire. Le livre du Dr Seligman est un cours en soi. Il suscite un débat et sa lecture nécessitera une plus grande réflexion de votre part.

Il est rare qu'on se sente totalement impuissant. Mais le fait de croire qu'on ne peut pas réussir est la principale raison pour laquelle les gens ne réussissent pas. On leur a inculqué ce sentiment. Ce que le Dr Seligman appelle « l'impuissance acquise » est l'essence même du pessimisme.

Certains croient qu'ils ne valent rien. Ils n'ont aucun espoir, ce qui les mène souvent à l'anxiété et à la dépression. Ils cessent de croire en eux-mêmes, en la force de leur esprit, et le découragement s'empare d'eux. Le Dr Seligman appelle ça de la complaisance. Il dit :

> *Après vingt-cinq ans d'études, je suis convaincu que si nous avons l'habitude de croire que nous sommes malheureux par notre faute, cela minera tout ce que nous faisons plus qu'autrement... Si nous cédons à cette emprise, nous déprimerons facilement et accomplirons moins que ce que nous pouvons faire et deviendrons malades plus souvent. Cultiver le pessimisme, c'est faire preuve de complaisance.*

Selon le Dr Seligman, la façon d'expliquer les événements détermine si vous êtes optimiste ou pessimiste. Lisez les descriptions suivantes et voyez si vous y reconnaissez une de vos réactions.

1. Permanence

Les pessimistes croient que lorsque survient une mauvaise situation, elle va s'éterniser. La situation perdure ou le problème est permanent. Cela va durer pour toujours. Ils imaginent le pire, sont sujets à la dépression et se sentent généralement impuissants. De leur côté, les optimistes croient que les mauvais événements ou les problèmes ne sont que passagers et affirment d'ailleurs que « ça va passer ». Ils ne se sentent pas vaincus pour autant et envisagent les obstacles comme des défis à relever. Ils ont le contrôle. La vitesse à laquelle vous réagissez devant un malheur indique si vous êtes optimiste ou pessimiste.

2. Généralisation

Les pessimistes généralisent le problème à toute leur existence. « Ça va tout gâcher ». Ils croient que s'ils ont subi un échec, comme perdre leur travail, cela affectera tout le reste. Ils pensent alors que leur mariage est un échec et se sentent impuissants à propos de tout. Le Dr Seligman affirme : « Les gens qui trouvent une explication universelle à leurs échecs abandonnent la partie dès qu'ils subissent le moindre échec ailleurs. »

Les optimistes expliquent un mauvais événement comme un cas particulier dans une situation donnée. Ils échouent peut-être dans un domaine sans prétendre toutefois que leur vie entière est un échec. Ils peuvent être découragés par une chose, mais ils continuent à réussir ailleurs et à garder le contrôle. Un seul échec n'entraîne pas l'échec total.

> Le **courage** d'un homme se **mesure** dans l'**adversité**.
> PLUTARQUE

3. Personnalisation

Les pessimistes s'accablent de reproches. « Je suis désolé. C'est de ma faute ». Ils personnalisent le problème. Les pessimistes tendent à s'accorder peu d'estime et à se sentir bons à rien et impuissants. Les optimistes pensent que des causes extérieures peuvent miner une situation. En d'autres mots, ils ne se font pas de reproches et ne s'accablent pas personnellement.

Certains ripostent que l'optimisme est une sorte de fausse gaîté qui masque nos véritables pensées et nos sentiments. Et que les Tartuffe se dégagent de toute responsabilité.

Les vrais optimistes utilisent les « mauvais coups » ou les revers comme des occasions d'améliorer leur vie plus qu'ils ne l'espéraient dans leurs rêves les plus fous ou les plus audacieux. Ils cherchent d'où vient le malheur et en retirent une leçon qui

> Je n'ai jamais vu de **monument** érigé en l'honneur d'un pessimiste.
>
> PAUL HARVEY

leur fera du bien ainsi qu'à ceux qui les entourent.

Les gens qui ont développé une AMP ne sont pas aveuglés par l'optimisme. Ils ont appris que dans toute situation négative se cache une mine d'or et que le défi est de trouver les éléments positifs.

Comment devenir optimiste

Nos attitudes reflètent le genre de vie que l'on mène. Et nous pouvons changer nos attitudes en apprenant une série de moyens qui nous aident à modifier, entre autres, le discours qui nous hante lorsque nous essuyons un contretemps, un revers, un échec ou que survient un malheur. Les optimistes savourent les bonnes choses au bon moment. Le Dr Seligman fournit des outils qui donnent de bons résultats.

1. Mettez en doute vos idées.

Ébranlez vos pensées pessimistes en vous efforçant de penser comme vous l'avez appris au cours de l'étape 2. Remettez en question les hypothèses que vous avez peut-être au sujet de votre capacité de contrôler le cours de votre vie. Inventez un autre discours au sujet de votre contrôle sur les événements de votre vie en adoptant une attitude positive.

2. Analysez la situation.

Trouvez quelque chose de positif dans une mauvaise situation. Disons qu'on vient de vous congédier. Essayez de voir ce que vous avez perdu et ce que vous avez gagné au cours de cette expérience. Tracez une ligne au centre d'une feuille de papier; écrivez les pertes dans une colonne et les gains dans l'autre. Puis concentrez-vous sur les gains et sur ce que cette expérience vous apporte.

3. Établissez des buts faciles à atteindre.

S'il s'agit d'un but trop difficile à atteindre dans l'immédiat, effectuez une tâche par semaine. Amusez-vous, prenez congé et allez voir une pièce de théâtre ou un film. Agissez de la façon que vous voulez et ne perdez pas votre temps à fréquenter des personnes négatives.

> Un problème n'est qu'une **occasion** de revêtir ses gants de travail.
> FREDERICK R. KOPPEL

4. Voyez le bon côté.

Concentrez-vous. Commencez la journée en cherchant les bons côtés. Dans un journal de bord, notez au moins un événement positif par jour.

5. Visualisez le succès.

On peut changer sa façon de voir en imaginant un scénario où nous avons du succès et atteignons nos buts. Les vrais optimistes se voient en train de réaliser leurs objectifs. Ils s'exercent à visualiser les événements. Ils voient les résultats dans leur esprit et cette image les pousse à accomplir leurs désirs.

6. Exprimez votre gratitude.

Prenez le temps d'écrire toutes les choses dont vous êtes reconnaissant. Dites aux gens combien vous leur êtes reconnaissant pour telle ou telle chose. Remerciez plus souvent les gens.

7. Accentuez votre côté positif.

Demandez-vous si vous n'êtes pas en train d'exagérer quand vous vous reprochez quelque chose. Analysez la situation. Comment faut-il agir ? Une attitude positive peut-elle aider à changer la situation ? Êtes-vous en train de généraliser ? Des expressions comme « tout ou rien » sont des signes que vous pensez négativement.

Quelques conseils pour développer l'AMP

- Changez de décor.
- Faites quelque chose d'amusant.
- Faites quelque chose de tout à fait différent.
- Brisez la routine.
- Inventez une aventure pour vous et vos amis.

> Ne tournez pas le **dos** au **soleil** pour maudire l'**ombre**.
> ROBERT LOUIS STEVENSON

- Faites quelque chose pour quelqu'un de moins heureux que vous.
- Concentrez-vous sur les possibilités.
- Devant un malheur, saisissez l'occasion de vous libérer des anciennes façons de faire.
- Concentrez-vous sur vos buts. Des activités soutenues réduisent la procrastination, la peur et l'anxiété.
- Travaillez à ce que vous aimez faire.
- Passez du temps avec des gens agréables.
- Apprenez à raconter une blague.
- Riez aux éclats quand les gens vous racontent une blague. Le rire est contagieux.
- Travaillez à améliorer ce que vous faites le mieux.
- Ne pensez pas que votre santé va défaillir.
- Apprenez à être satisfait de ce que vous avez.

> Un homme qui **déborde** d'**enthousiasme** peut presque tout **réussir**.
>
> CHARLES SCHWAB

Maintenant que vous êtes plus conscient de l'optimisme et du pessimisme, pensez aux réactions que vous avez eues en lisant ce chapitre et à ce que vous aimeriez changer afin d'améliorer le portrait optimiste que vous dessinez chaque jour. Nous vous invitons à réfléchir à comment, quand et pourquoi adopter une attitude mentale positive.

PORTRAIT DU PESSIMISTE	PORTRAIT DE L'OPTIMISTE
Fait toujours partie du problème	Fait toujours partie de la solution
Invoque toujours un prétexte	Trouve toujours un moyen de réussir
« Ce n'est pas mon travail. »	« Comment puis-je vous aider ? »
Voit des problèmes partout	Voit une solution à tous les problèmes
Pense que c'est trop difficile	Pense que ça vaut la peine d'essayer
« Nous ne l'avons jamais fait avant. »	« Voici la bonne occasion ! »

« Ça ne marchera jamais. »	« Nous allons trouver un moyen. »
Pense que c'est une perte d'argent	Pense que l'enjeu en vaut la chandelle
« Nous n'avons pas la compétence. »	« Nous allons consulter un expert. »
Pense que ça ne marchera jamais	Croit que ça va marcher
Pense qu'on ne peut pas le faire	Pense que tout est possible
Pense que c'est un changement radical	Est prêt pour du nouveau
« Je n'ai aucune idée. »	« Je vais trouver autre chose. »
« C'est contraire à la règle. »	« Tout est possible. »

Ce chapitre est consacré à l'attitude mentale positive. Tous les éléments pour avoir l'esprit en forme sont également importants mais nous les présentons dans un ordre logique en les superposant. Nous n'atteindrons pas nos buts (Étape 1 : Se fixer des buts) si nous ne croyons pas pouvoir le faire (Étape 2 : La force de penser). Si nous ne croyons pas que nous sommes créatifs (Étape 3 : Créativité), nous n'essayerons même pas. Acquérir une attitude mentale positive (Étape 4) repose sur nos convictions (Étape 2).

Il est essentiel d'avoir des croyances qui nous autorisent à développer et à conserver une attitude positive. Il est essentiel de bien comprendre la AMP avant de l'intégrer dans la vie quotidienne. L'espoir s'érige grâce à la force de penser (Étape 2) en apprenant à réfléchir différemment sur nos croyances. Lorsque nous changeons notre système de croyances, nous remarquons que la qualité de la vie augmente alors que nous changeons les vieux messages et le discours intérieur qui nous affaiblit.

L'attitude positive de Viktor Frankl ne garantissait pas sa survie dans les camps de concentration. Toutefois il a survécu, et il croit qu'une des raisons de sa survie était qu'il a choisi d'envisager la possibilité de survivre et qu'en agissant ainsi, il multipliait ses chances de survivre. Nous n'affrontons pas les terreurs qu'il a connues, mais son expérience peut nous servir de leçon.

En adoptant une attitude positive, nous augmentons nos chances de vivre une vie plus saine et heureuse.

Au cours du prochain chapitre, nous parlerons de l'apprentissage et de la mémoire, deux éléments inséparables. Mais avant de commencer l'étape 5, faites le devoir suivant.

Devoir

1. Au cours des 24 prochaines heures, parlez de tout avec tout le monde en adoptant une attitude positive. Puis essayez pendant deux jours. Et trois.

2. Commencez à prendre conscience de votre langage positif et négatif. Chaque fois que vous avez une pensée pessimiste, changez-la immédiatement par une pensée positive. Faites-le pendant sept jours et notez ce qui arrive à votre esprit quand vous le contrôlez.

3. À la fin de la journée, retirez-vous et méditez pendant cinq minutes. Écrivez vos pensées dans votre journal.

4. Les optimistes expriment leur gratitude. Ils reconnaissent les efforts que font les gens et leur donnent une tape sur l'épaule. Chaque jour, donnez une tape sur l'épaule de quelqu'un, ça vous aidera à renforcer votre optimisme.

5. Composez un credo des optimistes ou votre propre credo.

Credo des optimistes

Efforce-toi d'avoir l'esprit calme.
Souhaite la santé, la joie et la prospérité à
chaque personne que tu rencontres.
Dis à tes amis ce qui les rend chers à ton cœur.
Regarde le côté ensoleillé du jardin.
Pense à ce qu'il y a de mieux,
travaille de ton mieux et espère ce qu'il y a de mieux.
Réjouis-toi des succès des autres
comme tu te réjouis des tiens.
Oublie les erreurs du passé
et hâte-toi d'accomplir l'avenir.
Souris à tous et chacun.
Ne perds pas de temps à critiquer les autres
et concentre-toi sur ton propre jardin.
Que ton esprit soit trop grand pour
le souci et trop noble pour la colère.

Christian D. Larsen

ÉTAPE

5

Mémoire et apprentissage

La rouille s'empare d'un outil abandonné. Une eau privée de son cours devient stagnante. Un jardin privé de soin est un fouillis. C'est une vérité profonde et universelle.

WALTER M. BORTZ

*V*ous avez choisi ce livre pour différentes raisons. Vous avez peut-être lu ce chapitre en premier parce que le sujet de la mémoire suscite un vif intérêt de votre part. Vous ne voulez pas perdre la mémoire, vous voulez l'améliorer. Vous désirez à tout le moins la conserver. Pour ceux qui ont commencé au début du livre, nous soupçonnons que votre mémoire s'améliore déjà et ce chapitre vous permettra de faire mieux encore. D'une façon ou d'une autre, vous estimez que la mémoire est un sujet très important. Un tel point de vue vous sera utile pour apprendre ce que vous jugez bon de retenir.

> Éteignez la **télévision** et allumez **votre vie**.

Il existe plusieurs bons livres sur la physiologie du cerveau et ses fonctions, qui décrivent la mémoire dans toute sa complexité scientifique. Notre approche consiste à faire un survol critique et de ranger la mémoire à côté de l'apprentissage.

Vous vous demandez peut-être pourquoi l'apprentissage et la mémoire vont ensemble. Ne sont-ils pas des sujets très différents? Pourquoi ne pas les traiter séparément? La réponse est que la mémoire et l'apprentissage sont inséparables. Tous les éléments pour avoir l'esprit en forme sont reliés entre eux, mais le lien entre apprendre et la mémoire est si étroit que vous ne pouvez avoir l'un sans avoir l'autre. Vous ne pouvez rien apprendre sans faire appel à votre mémoire et, avant de vous souvenir de quelque chose, vous devez d'abord l'apprendre. Si vous ne pouvez vous souvenir de quelque chose, cela veut probablement dire que vous ne l'avez jamais apprise.

Pourquoi la mémoire est-elle le sujet de l'étape 5 ? À vrai dire, toutes les autres étapes, se fixer des buts, la force de penser, la créativité et l'attitude positive, ont un effet sur l'apprentissage et la mémoire. On a tendance à ne voir que la mémoire en excluant les autres éléments. Commençons par un exercice d'échauffement. Vous serez étonné de découvrir que vous avez un net avantage sur les jeunes parce que vous avez une plus longue expérience de la vie.

Échauffement

Exercice 1: **questionnaire**

Nous vous présentons un questionnaire. La raison pour laquelle nous avons choisi ce genre d'exercice est de vous encourager à répondre à des questions qui stimulent les cellules de votre cerveau et chatouillent votre mémoire. Nous utilisons le questionnaire pendant nos cours de mise en forme (avec des adultes de 50 à 94 ans) à titre d'exercice cérébral. Nous l'avons également soumis un jour à un groupe de jeunes universitaires (âgés de 25 à 55 ans) qui participaient au cours. Devinez qui a obtenu les meilleurs résultats ? Le groupe des plus âgés l'a emporté haut la main. Ils avaient l'expérience de la vie et une grande mémoire, alors que les étudiants plus jeunes n'avaient jamais lu les informations dont il était question. Vous ne pouvez retenir quelque chose en mémoire si vous ne l'avez pas apprise. Essayez de répondre aux questions suivantes.

1. Le fruit d'un chêne. G_____
2. Quelle ville est associée au Reichstag ? B_____
3. Un classique du cinéma en 1943 avec Humphrey Bogart et Ingrid Bergman. C_____
4. Elle a trahi Samson en lui coupant les cheveux. D_____
5. Une bête connue sous le nom d'orignal en Amérique du Nord. É_____
6. Quel est le sobriquet du pianiste et compositeur de jazz Thomas Wright Waller ? F_____

7. Quel genre de rôle jouaient Spike Milligan, Peter Sellers et Harry Secombe ? I_____

8. Comment appelle-t-on le Nouvel An en Écosse ? S_____

9. Aux États-Unis, quel état est surnommé le « Gem State » ? I_____

10. Moine bouddhiste au Tibet ou en Mongolie. L_____

11. Dieu romain de la guerre. M_____

12. Amiral anglais qui était amoureux d'Emma, Lady Hamilton. N_____

13. Unité de poids, le seizième d'une livre. O_____

14. Alexandrite, pierre de lune, et quelle autre pierre est associée au mois de juin ? P_____

15. La pièce la plus importante aux échecs. R_____

16. Qui a mangé le fromage dans la fable ? R_____

17. « Toujours prêt ». À qui appartient cette devise ? S_____

18. Un autre nom pour désigner une tornade. O _____

19. Une personne qui travaille dans le monde de l'assurance et qui garantit le paiement. S_____

20. Art pratiqué par Peter Brough, Keith Harris et Ray Allen. V_____

21. Dans quelle ville belge Napoleon fut-il défait ? W_____

22. Que désignent les noms de Finn et Hollandais Volant : B_____

23. Qu'est-ce qui roule et n'amasse pas mousse ? P_____

24. Qui est le créateur de la tour Eiffel ? E_____

Pour évaluez vos résultats, lisez les réponses dans « Questions et réponses », à la page 234.

Exercice 2: **Le voyageur égaré**

Le petit Bill avait quatre ans lorsqu'il perdit ses parents. Son tuteur l'envoya dans un nouveau foyer à la campagne. Billy ne savait ni lire ni écrire. Avant de le faire monter dans le train, on lui attacha une étiquette autour du cou indiquant clairement son nom et sa destination. Toutefois, en dépit des efforts et de la gentillesse des employés du train, Billy n'est jamais arrivé à son nouveau foyer. Pourquoi ?

Exercice 3 : **La météo**

Jean regardait la télévision. Il écouta les nouvelles de minuit, puis la météo : « Il pleut actuellement et il va pleuvoir au cours des deux prochains jours. Toutefois, dans 72 heures, on prévoit du temps clair et ensoleillé. » « Ils se trompent encore », grogna Jean. Comment a-t-il deviné ?

Voir « Questions et réponses », à la page 235.

Ce que nous savons de la mémoire

Même si c'est faux, on croit partout que la perte de la mémoire accompagne la vieillesse. La plupart des gens croient qu'à un moment donné de leur vie qu'ils ne seront plus capables de se souvenir aussi bien de certaines choses. Oublier des noms, des articles de maison et des dates est fréquent. Pourtant c'est une source d'inquiétude chez les gens dans la quarantaine qui essaient de survivre dans une société de technologie à haute vitesse. Ils commencent à croire que c'est le début de la fin. Ils s'imaginent que leur situation est sans espoir au lieu de réfléchir à ce qu'ils peuvent faire pour ne pas que ça arrive.

Il y a plusieurs raisons qui expliquent les changements de la mémoire. Elles n'ont rien à voir avec l'âge ni la démence. Les causes les plus communes sont les suivantes :

1. Trop de médicaments ou interaction entre plusieurs médicaments.

2. Déséquilibre chimique, comme manque de potassium, anomalie de la glande thyroïde, taux de sucre anormal.

3. Anxiété, dépression ou sentiment de dépréciation.

4. Maladie subite, infection bactérienne, grippe.

5. Maladie chronique.

6. Malnutrition et déshydratation – mauvaise alimentation – pas assez de liquide dans le corps.

7. Isolement, conditions de vie difficiles.

8. Pauvreté.

9. Manque de sommeil.

10. Tabagisme.

11. Fatigue.

12. Vision limitée.

13. Audition limitée.

14. Sédentarisme.

15. Manque d'attention.

16. Changement hormonal.

17. Ennui.

18. Trop d'alcool.

19. Croire que vous ne pouvez rien faire pour améliorer votre mémoire.

20. Perte de confiance en soi.

Tout cela n'a rien à voir avec le fait de vieillir. Et il y a d'autres bonnes nouvelles. Ce chapitre vous dira comment renverser les causes de la perte de mémoire chez les gens de tous les âges. Nous ne sommes pas en train de minimiser l'importance de ces causes ni celle des moyens à employer pour changer la situation. Adopter des habitudes saines n'est pas facile à faire. Par-dessus tout, cela prend une forte dose de discipline et de détermination. Toutefois, les résultats en valent la peine. Dans presque toutes les situations, sauf dans les cas des maladies du cerveau, la mémoire peut s'améliorer et durer toute la vie. Ce chapitre ne traite pas des maladies : il se consacre aux gens normaux de tous les âges et vous fournit des moyens de penser et d'agir pour conserver votre mémoire.

Avez-vous déjà vécu l'expérience suivante ? Vous êtes assis à votre bureau et vous réalisez soudain que vous avez oublié que vous aviez rendez-vous à l'heure du lunch. Vous avez chaud et vous devenez rouge. Votre mémoire vous a trahi. Souffrez-vous de la maladie d'Alzheimer ? Non. Mais cela nous rappelle quelque chose que nous avons tous appris : la mémoire nous fait parfois défaut.

Il est important de comprendre que personne ne peut se souvenir de tout. Il faut savoir que nous décidons chaque jour ce que nous voulons retenir et que nous nous efforçons d'apprendre ces choses. Non, vous ne perdez pas la boule, mais vous vous demandez où vous l'avez mise...

Si vous parlez en termes négatifs de votre mémoire en disant « ma mémoire faiblit » ou « je ne me souviens plus aussi bien qu'avant », essayez de faire l'effort d'arrêter de parler ainsi et cessez de vous inquiéter. Si vous voulez que ça change, adoptez une attitude positive.

Qu'est-ce que la mémoire ?

La mémoire est un des sujets que la recherche a le plus approfondi dans l'étude du domaine cognitif chez l'humain, autrement dit de la « pensée ». Au cours des années, nous avons posé la question à plusieurs experts. Qu'est-ce que la mémoire ? On nous a répondu : « Ça dépend de plusieurs choses. » Il existe une mémoire des procédures, épisodique et sémantique. Il y a une mémoire à court terme, une mémoire à long terme et il y a la mémoire vive. Il existe également le souvenir, la reconnaissance et les réminiscences. Nous voulons que ce soit simple, mais ce n'est pas facile car la recherche nous explique que ce n'est pas si simple que ça.

Les scientifiques ne croient plus au déclin inévitable de la mémoire avec l'âge, mais les hypothèses reposant sur cette ancienne croyance continuent de décourager bien des gens d'essayer de garder leur mémoire en forme. Qu'est-ce que la vieillesse a à voir avec l'apprentissage et la mémoire? Absolument rien! David Battersby, professeur et chercheur dans le domaine de l'éducation aux adultes à l'université Massey en Nouvelle-Zélande, s'interroge à ce sujet.

> *Que veut dire vieillir et être vieux? La plus jeune personne que j'ai connue s'appelle Elsie. Elle a 82 ans et vient de commencer son baccalauréat. La plus vieille personne que je connaisse, c'est Robert, qui a 32 ans. Il sait tout à propos de tout. Il n'a plus de place dans sa tête pour une seule nouvelle idée. Son idée est faite. Sa vie est terminée. Alors, même s'il croit être jeune, ceux qui le fréquentent trouvent qu'il est très vieux.*

Ce que la recherche révèle

Il y a plus de vingt ans, nous avons assisté à une conférence présentée par un éminent professeur, spécialiste de la mémoire. Il a parlé de la perte de la mémoire et de la vieillesse en évoquant des sujets «jeunes» et «vieux», et son message était clair: la mémoire décline quand les gens prennent de l'âge. Nous lui avons demandé ce qu'on peut faire pour améliorer la mémoire en vieillissant! Il a répondu par une question. «Voulez-vous dire qu'il existe des moyens d'améliorer la mémoire?»

Depuis ce temps, la compréhension scientifique de la mémoire s'est accrue: nous comprenons mieux ce qu'elle est et ce qui cause les pertes de mémoire. Alors qu'est-ce que la mémoire? Une façon de se représenter la mémoire est de penser à ce que serait la vie si soudainement vous perdiez la mémoire. Nous ne voulons pas parler d'amnésie. Imaginez que vous n'avez plus du tout de mémoire. *Nada.* Zéro. Cela signifie que:

1. Vous ne pouvez évoquer les événements et les épisodes du passé (mémoire épisodique).

2. Vous ne pouvez plus vous souvenir des noms des gens que vous fréquentez, comme celui de votre conjoint (mémoire sémantique).

3. Vous ne pouvez plus fonctionner du tout. Vous ne savez plus comment conduire une auto, préparer la nourriture ni même ouvrir une porte (mémoire usuelle).

4. Vous ne pouvez apprendre quoi que ce soit, parce que vous ne pouvez vous souvenir de ce qui s'est passé avant (mémoire vive).

5. Vous ne savez pas qui vous êtes. L'identité se structure à partir de ce que les autres pensent de nous et au cours des événements survenus depuis la naissance.

Regarder en arrière pour comprendre le présent

Commençons par étudier la brève histoire de la mémoire dans la recherche. L'importance de la fonction mentale est clairement reflétée dans une analyse des découvertes effectuées au cours des cinquante dernières années telles que rapportées dans le journal *Psychology of Aging and Cognition*. Durant les années 1960 et 1970, la question la plus souvent soulevée était celle de savoir si les « aînés » étaient capables d'atteindre le même niveau que les « jeunes ». L'approche traditionnelle considérait la fonction mentale comme une capacité générale qui se stabilise puis décline avec l'âge. On considérait les tâches qui impliquent l'apprentissage et la mémoire. Les chercheurs ont découvert que les gens plus âgés avaient une capacité mentale moins élevée que les jeunes gens après leur avoir demandé d'effectuer différentes tâches au cours d'un test qui se déroulait dans un laboratoire.

> La **mémoire** est le **trésor** et la gardienne de toute **chose**.
> Cicéron

Trois études plus récentes révèlent que cette recherche avait ses défauts. Les échantillons de gens représentant les « aînés » étaient âgés de 35 à 100 ans, et à 35 ans, vous serez d'accord, on n'est pas vieux (à moins d'être un Néandertalien). Il y avait également un problème dans les méthodes utilisées (par exemple, les laboratoires ne représentent pas le monde réel). Ces études suggèrent que les écarts entre l'âge des individus peuvent être attribués aux faiblesses du plan de la recherche. Quant à la vitesse, les écarts entre les résultats des jeunes et ceux des vieux peuvent être attribués à l'insignifiance des tâches. ˙

En résumé, les personnes âgées ont besoin d'un délai pour assimiler l'information parce qu'elles ont déjà un lourd bagage de connaissances. L'information doit être pertinente sinon elles ne se soucieront pas de la retenir. Lorsque les gens affirment que leur mémoire s'amenuise en vieillissant, nous répondons ceci : « Votre mémoire ne diminue pas. Vous avez trop d'informations dans votre cerveau. S'il s'agit d'une chose importante, vous la retiendrez. »

Au cours des cinq dernières décennies, la recherche sur la mémoire est devenue plus positive et plus pragmatique. Peut-être cela reflète-t-il le fait qu'en prenant de l'âge eux-mêmes, les chercheurs constatent qu'il n'est pas vrai que la mémoire décline avec l'âge. Ils ont une raison personnelle de prouver à leurs jeunes collègues qu'ils ne perdent pas « la carte ». Une recherche plus récente menée par Paul Foos et Anna Dickerson s'intitule « People My Age Remember These Things Better ». Bien

> La **mémoire** est ce qui **me fait oublier**.
> DÉFINITION D'UN ENFANT

que la mémoire des adultes âgés soit faible dans certains domaines, ils retiennent mieux que les jeunes d'autres choses. En d'autres mots, à différentes étapes de la vie, nous sommes absorbés par différentes tâches et nous nous souvenons en particulier des choses qui sont importantes à ce stade précis de notre vie. Il semble logique d'avoir de la considération pour ce que les gens âgés jugent important de se rappeler et de travailler sur les stratégies qu'ils ont développées pour s'en souvenir. Mais d'abord promenons-nous sur le sentier de la mémoire.

Le sentier de la mémoire

Avez-vous déjà suivi le sentier de la mémoire ? Dans le dictionnaire Webster, on le définit comme étant « un sentier imaginaire qui sillonne le passé que l'on évoque avec nostalgie ». Nous aimerions redéfinir l'allée des souvenirs. C'est un sentier différent, rempli d'expériences de la vie, de leçons faciles ou non à retenir et de joies qui grandissent quand nous prenons de l'âge.

> Je n'ai jamais **entendu** parler d'un vieil homme (ou d'une femme) qui aurait oublié où il a caché son **argent**.
>
> Cicéron

Selon nous, cette nouvelle mémoire va plus loin que la pensée et ressemble plus à une image de facilité. C'est une vision optimiste de la mémoire que nous voulons que vous gardiez à l'esprit parce que la mémoire c'est ce qu'on craint le plus de perdre. Venez marcher avec nous sur le nouveau sentier de la mémoire. Ce n'est pas toujours une sinécure mais c'est encore plus amusant.

Le Webster explique que le mot mémoire dérive du latin mora (délai) et du grec mermera (soin). C'est le pouvoir ou le processus de reproduire ou de se souvenir de ce qu'on a appris et retenu. Se souvenir signifie ramener quelque chose à l'esprit ou penser de nouveau à quelque chose ; par exemple, reproduire ce que l'on a appris avant la fin de l'examen.

Ces définitions nous aident à comprendre la façon dont fonctionne la mémoire : se rappeler, reconnaître et se remémorer les souvenirs signifient que l'on ramène une image ou une idée du passé à l'esprit. On peut garder un souvenir en mémoire sans faire un effort particulier ou sans qu'on le veuille. Remémorer implique de ramener à l'esprit ce qui est perdu ou égaré ; le souvenir suggère un effort de ramener les choses à l'esprit et souvent de le recréer dans le discours ; le rappel suggère un jeu de la mémoire par association ou similarité ; évoquer un simple souvenir est souvent relié à la nostalgie et aux expériences qui remontent loin dans le temps ou qui sont terminées depuis longtemps.

Tout ça pour dire que la mémoire se présente sous plusieurs aspects. Nous en comprenons certains mieux que d'autres. Jusqu'à tout récemment, tout ce qu'on écrivait au sujet de la mémoire comportait un élément sombre. Les articles commençaient souvent de la façon suivante :

Utilisez-la sinon vous la perdrez. La mémoire commence à décliner aussi tôt qu'à l'âge de 30 ou 40 ans, mais le changement est si subtil qu'on ne le remarque pas. Même s'il n'est pas manifeste, le déclin continue. Et en vieillissant, il nous faut plus de temps pour retrouver l'information que nous avons en mémoire. On commence par oublier les noms, les clés, pourquoi nous sommes entrés dans une pièce et puis on oublie les rendez-vous. Ce sont des choses qui arrivent quand on vieillit et que notre mémoire se détériore.

C'est assez flagrant. Sans parler des articles qui vous font trembler en racontant que tout va aller de plus en plus mal. Ironiquement, on n'oublie pas ce genre de message.

Nous assimilons les images négatives que l'on associe au vieil âge et en fonction de notre propre expérience. À un niveau plus profond, ces images obscurcissent nos espoirs en l'avenir. Quand vous étiez jeune, vous alliez probablement voir votre grand-mère. Elle vivait dans un foyer pour gens âgés, elle n'avait plus de dents, plus de cheveux et plus de sourire. Mais aujourd'hui ça n'a plus besoin de se passer comme ça, particulièrement en ce qui concerne la mémoire.

> Nous croyons que notre **mémoire** flanche parce que nous **supposons** en avoir moins que nous le **désirons**, ou moins que ce que nous supposons chez les autres.
>
> SAMUEL JOHNSON

Les bonnes nouvelles à propos de la mémoire

La façon dont nous parlons et abordons le sujet de la mémoire n'est pas la bonne. Vous ne devenez pas plus distrait en vieillissant. En fait, vous étiez probablement plus distrait à l'âge de cinq ans. C'est pourquoi ce livre se consacre aux moyens d'empêcher les pertes de mémoire en vous donnant des stratégies pour garder l'esprit vif et des trucs pour développer une excellente mémoire qui retiendra ce que vous croyez être important pour vous. Et nous allons utiliser tout ce que nous connaissons pour vous permettre d'avoir de l'espoir et de l'optimisme pour avoir un avenir mémorable et l'esprit plus clair.

Vous contrôlez votre esprit, personne d'autre ne le fait à votre place. Avec un petit effort, vous garderez votre mémoire jusqu'au jour de votre mort. Vous pouvez améliorer votre mémoire en vieillissant et éviter bien des soucis. Cela vous permettra peut-être d'empêcher ou de retarder les symptômes de maladies telle que la maladie d'Alzheimer.

L'histoire des mitaines perdues

Vous rappelez-vous la ficelle que l'on attachait à vos mitaines ? Pourquoi ? Parce que les enfants de cinq ans ne se rappellent pas où ils mettent leurs mitaines. Ce n'est pas parce que leur cerveau ne fonctionne pas ou qu'il ne s'est pas développé, mais parce qu'ils s'amusent et n'accordent pas d'importance à de tels détails. Ils ne se concentrent pas. Nous oublions nos gants à 95 ans pour la même raison.

- Pourquoi un jeune de 16 ans oublie-t-il de rentrer à la maison avant minuit ?
- Pourquoi une jeune fille de 19 ans oublie-t-elle son permis de conduire à la maison ?
- Pourquoi un homme de 27 ans oublie-t-il la date de son mariage ?
- Pourquoi une femme de 46 ans oublie-t-elle pourquoi elle est montée à l'étage ?
- Pourquoi un homme de 95 ans se souvient-il d'arriver à l'heure pour le bridge ?

En dépit de ce que vous avez lu ou de ce que vous pensez, les problèmes de mémoire ne sont pas très différents de ceux que nous avons connus au cours de notre jeunesse. En vieillissant, on s'en soucie davantage. L'inquiétude et l'anxiété sont des causes majeures de la perte de mémoire à tout âge.

En physiologie, on a beaucoup écrit sur le déclin et sur la perte de la mémoire, même si certains auteurs expliquent avec prudence que le déclin ne survient pas nécessairement de façon aussi précipitée que les études l'indiquent. Ils affirment néanmoins que très peu de gens ne subissent pas de détérioration de la mémoire et qu'une personne de 80 ou 90 ans jouissant encore de toutes ses facultés est une exception qui confirme la règle. On nous dit que les changements physiologiques continuent au cours de toute la vie, entraînant la perte de cellules, l'affaiblissement des liens entre les neurones et une diminution de quantité des produits

> Une **mémoire** sans taches doit être un trésor d'une **beauté exquise**, une **source** inépuisable de **fraîcheur**.
>
> CHARLOTTE BRONTË

chimiques (neurotransmetteurs). Ajoutez à cela les changements cognitifs et vous obtenez un vieux cerveau qui n'a plus de cylindres. Les humoristes font allusion aux aînés et ça fait rire tout le monde. Mais ce genre d'humour est déplacé quand il renforce les stéréotypes négatifs au sujet de l'âge.

Il est vrai que le corps, l'esprit et l'âme changent avec l'âge. Il n'y a pas de doute, nous gagnons des rides. Il n'y a pas de doute, notre âme peut s'élever avec l'âge. Il n'y a pas de doute, notre esprit peut garder sa force et devenir encore plus fort avec l'âge.

Plusieurs auteurs parlent d'une « perte de mémoire normale ». Toutefois, la démence est une maladie. La perte de mémoire qui accompagne toute forme de démence ne fait pas partie d'une vieillesse normale. Autrefois on disait « Maman devient sénile » en voulant dire qu'elle « perdait la boule ». Un petit pourcentage d'adultes âgés souffrent de démence ; toutefois, nous ne traitons pas de la démence dans ce livre, sauf quand nous faisons allusion aux percées dans la recherche.

Ce que les gens veulent savoir, c'est comment reconnaître les premiers signes de la démence. La plupart d'entre nous oublient souvent le nom d'une personne qu'ils viennent tout juste de rencontrer. (Après avoir appris les techniques que nous vous présentons dans ce chapitre, vous retiendrez les noms que vous avez décidé de vous rappeler.) Il est normal d'oublier où vous avez mis les clés de votre auto, mais pas de vous demander à quoi servent celles-ci. (Quand vous aurez maîtrisé les techniques présentées dans ce chapitre, vous vous souviendrez toujours de l'endroit où sont vos clés.) Il est normal de répéter une histoire à quelqu'un mais il n'est pas normal de répéter constamment la même histoire ou de poser toujours la même question. Et il n'est pas normal d'oublier la date de votre naissance. Si vous persistez à dire que vous avez 39 ans, vous deviendrez confus à votre sujet et au sujet de la date de votre naissance. Et quand vous aurez plus de 80 ans, un âge plus élevé que celui de la maturité, vous découvrirez que l'âge vous a rattrapé. Vous êtes fier d'être ce que vous êtes et de ce que vous avez l'air, et vous voulez impressionner les gens avec votre âge.

Prendre soin de votre mémoire

Les gens peuvent se souvenir de tout ce qu'ils ont à l'esprit. Écoutez attentivement ce que les gens disent au sujet de leur mémoire et sur le fait d'oublier et d'apprendre. Écoutez-vous parler. Vous serez étonné du nombre de remarques désobligeantes. Nous reprochons beaucoup de choses à l'âge, mais ce n'est pas lui le coupable. Si vous prenez le temps d'étudier la matière de ce chapitre, cela aura un effet positif sur la qualité de votre vie et pour le reste de votre vie. Vous n'aurez plus à invoquer votre âge comme prétexte. C'est tout un défi à relever et c'est le genre de défi qui garde le cerveau en forme.

Nous avons beaucoup à perdre à ne pas relever ce défi, et tout à gagner si nous le relevons. La chance est de votre côté. Vous pouvez apprendre les stratégies suivantes et les intégrer dans votre vie quotidienne comme s'il s'agissait d'un jeu. Un grand nombre de personnes y sont parvenues, alors ça peut marcher pour vous.

Il y a plusieurs trucs pour se souvenir de certaines choses et ne plus s'en inquiéter. Nous soulignons les problèmes dont nous ont parlé les gens et offrons des solutions pratiques pour rectifier la situation. Personne n'aime avouer avoir de la difficulté à se souvenir de ces choses, et vous non plus probablement. Lorsque vous aurez terminé, notez les problèmes que vous aimeriez régler et continuez à lire. En commençant à étudier, votre esprit s'améliore. Votre cerveau va aimer ça, et vous aussi.

Dans cette section, vous apprendrez que les gens ont parfois de la difficulté à retrouver certains objets. La plupart du temps, quand les gens éprouvent ce genre de problème, c'est parce qu'ils n'ont pas pris la peine de retenir l'endroit où ils ont rangé les objets en question. Lorsque nous apprenons quelque chose, nous rangeons l'information dans notre esprit afin de nous en servir plus tard. Si on ne s'en souvient pas, il y a de bonnes chances que nous ne l'ayons jamais appris.

Pour chacun des objets que l'on oublie souvent, nous vous donnons une stratégie. Apprenez-la et faites-en l'essai. Vous remarquerez un grand changement. Vous contrôlerez votre esprit, déciderez ce qu'il faut retenir et aurez le bonheur de vous souvenir de ce que vous voulez.

Il n'y a pas de stationnement où je travaille, alors chaque jour je fais le tour du pâté et je gare ma voiture dans une rue pas très loin de là. À la fin de la journée, je sors de l'édifice et j'hésite un peu en me demandant où est mon auto. Ce n'est pas que je ne peux pas me rappeler où elle se trouve. Je n'ai pas appris où je l'ai laissée. Je n'ai pas noté mentalement la rue où je l'ai garée, ni la distance entre le pâté de maisons et le bureau, ni la boutique en face de laquelle je me suis arrêtée. Je n'ai pas fait attention. Si je l'avais noté ou remarqué, je me souviendrais exactement où j'ai garé mon auto. La plupart du temps, ça n'a pas d'importance et je me moque d'avoir à chercher un peu. J'ai remarqué toutefois que si j'ai une réunion après le travail, je note où j'ai garé ma voiture, et à l'heure de la sortie, je la retrouve immédiatement.

La meilleure stratégie est de noter l'endroit exact où vous garez l'auto. Notez le niveau (B2, par exemple) et l'orientation nord-sud. Fixez l'information dans votre esprit en vous disant une

> La **mémoire** est une bête **capricieuse** et arbitraire. On ne sait jamais si elle ramassera une **pierre** sur la plage de la vie et la rangera parmi ses **trésors** ou si elle choisira une simple **fleur** des champs comme **symbole** d'une « pensée trop profonde pour les larmes ». Et pourtant je ne puis m'empêcher de croire que l'on se **souvient** toujours mieux des choses qui sont les plus **importantes**.
>
> HENRY VAN DYKE

phrase comme : « Gérard est resté bouche bée et ici, c'est 2B. » C'est amusant d'inventer votre propre code. C'est un bon exercice cérébral et ça vous rappelle où vous avez garé votre auto.

Sur le bout de la langue

Gloria Levi et Kathy Gose, dans leur livre intitulé *Dealing with Memory Changes as We Grow Older*, affirment que le cerveau humain contient un nombre formidable d'informations. On ne peut toutes les consulter à tout moment. Même si l'information est bien rangée, vous avez parfois l'impression de chercher une aiguille dans une botte de foin. Vous savez qu'elle est là, mais vous n'arrivez pas à mettre le doigt dessus.

Vous avez parfois de la difficulté à vous rappeler le nom d'une personne que vous connaissez. Vous l'avez sur le bout de la langue. Vous êtes capable de visualiser le visage de cette personne dans votre esprit, ou de vous souvenir d'une partie de son nom ou d'un nom qui ressemble au sien, ou du rythme de son nom. Il vous revient d'autres informations au sujet de la personne, comme le lieu où vous l'avez connue. Vous êtes sur le point de trouver son nom, mais il vous échappe. Enfin, vous dites que vous l'avez « sur le bout de la langue » parce que vous savez que l'information est stockée dans votre esprit. Vous essayez en vain toutes les questions et les associations d'idées.

Sur un écran invisible défilent les informations que vous cherchez. Un ordinateur semble vous dire : « Cherche et trouve. Si tu ne trouves pas l'information que tu cherches, essaie une autre voie jusqu'à ce que tu la trouves. »

La recherche se poursuit : « Alors quel est le nom de cette femme aux cheveux bouclés qui est l'amie de Suzanne ? Je pense que son nom commence par un R. Ou est-ce un B ? Rooster ? Non, ce n'est pas ça. Brewster ? Oui, c'est ça ! Et son prénom ? Est-il biblique ? Sara, Rebecca, Judith ? Non, aucun de ceux-là. Elisabeth, Marthe, Marie ? Je l'ai presque. C'est Marie quelque chose. Marie-Anne ou Marie-Élisabeth ? Oh, attendez, c'est le même prénom que celui de ma petite-fille, Rosemary. Non, pas tout à fait, mais il y a une fleur. Ah, c'est Marie-Rose ! Marie-Rose Brewster. Enfin ! »

L'ordinateur reconnaît ce que vous cherchez et trie l'information qui ne convient pas. Toutefois, de temps à autre, il s'arrête sur un mot qui ressemble à celui que vous cherchez. Par exemple, le nom que vous voulez est Marie-Rose, mais celui qui vous vient à l'esprit est Rose-Marie, le prénom de votre petite-fille. Vous avez peut-être de la difficulté à vous souvenir de Marie-Rose parce qu'il est bloqué par celui de Rose-Marie.

Mais l'ordinateur continuera à travailler à votre insu longtemps après que vous aurez abandonné votre recherche et le bon nom vous apparaîtra soudain. Il vous reviendra au milieu de la nuit alors que vous le cherchiez durant le jour. Tout le monde connaît la sensation de soulagement que l'on éprouve après avoir cherché en vain longtemps et qu'enfin l'information surgit à l'esprit.

L'expérience de « l'avoir sur le bout de la langue » révèle que le nom que vous cherchez en puisant dans votre mémoire à long terme ne se trouve pas là. Le nom que vous voulez est classé et rangé de plusieurs façons, entouré par une toile d'associations et de liens. Vous devez trouver les liens qui mènent au nom lui-même.

Le fait de tourner autour du nom en relevant des indices sur le sujet indique que l'on retient des bribes d'information. Vous avez une partie de l'information et grâce aux indices, vous dénichez le tout. Des mots-clés, des images, des odeurs, des sons et des saveurs sont des indices.

La prochaine fois que vous aurez un mot sur le bout de la langue, accordez-vous quelques minutes pour étudier les indices et remonter jusqu'à l'information que vous cherchez. C'est rassurant et agréable, et ça aide à ancrer l'information dans votre mémoire.

La plupart des gens sont embêtés quand ils ne peuvent se souvenir du nom de quelqu'un. Ils pensent qu'ils perdent la mémoire. Ils se sentent stupides. Ces sentiments empêchent le cerveau de trouver le nom en question. Il vous arrivera d'oublier un nom, mais il y a deux façons de réagir qui changeront votre vie.

Il faut d'abord comprendre que vous n'êtes pas en train de perdre la mémoire. Vous n'arrivez pas à vous en souvenir pour les raisons que nous avons évoquées au cours de ce chapitre. Peu d'entre elles sont reliées à l'âge et on peut en contrôler la plupart d'entre elles. La seconde chose à comprendre est que vous n'avez probablement pas bien appris le nom. Pour revenir à la première question, nous devons développer une approche s'il nous arrive à l'occasion de ne pas nous souvenir du nom d'une personne. En premier lieu, ne dites pas : « Je suis désolé, je ne peux me souvenir de votre nom. » Dites plutôt : « J'ai votre nom sur le bout de la langue. » Si la personne est offensée et répond quelque chose du genre : « Vous ne vous souvenez pas de mon nom ? Je suis Marie-Anne et nous nous connaissons depuis quatre ans ! », votre travail consiste à être positif (Étape 4). Dites quelque chose du genre : « Ce n'est pas ma mémoire, Marie-Anne. J'ai peu dormi la nuit dernière et je suis très fatigué. »

Six éléments à retenir

Une étude menée par Von Leirer et ses collègues de l'université Stanford demandait aux gens ce qu'ils aimeraient mieux retenir. Nous avons classé les résultats par ordre d'importance.

1. Les noms des gens.
2. Les dates importantes et les rendez-vous.
3. Les lieux où se trouvent les articles de la maison.
4. Les événements récents et passés.
5. L'heure de prendre des vitamines et des médicaments.
6. Des informations ou des faits importants.

Nous avons voulu obtenir une confirmation de ces priorités et avons demandé aux membres du cours de mise en forme ce qu'ils aimeraient apprendre ou améliorer. Les réponses concordaient avec les résultats de l'étude, soit (1) étant l'élément le plus important, et (6), le moins important. Avant d'aller plus loin, nous vous invitons à faire le test suivant.

La liste suivante présente une série de défis que les gens de tout âge aiment relever. Combien de fois cela vous arrive-t-il ? Notez vos résultats selon l'échelle de 1 à 5. Plus le résultat est élevé, meilleure est votre faculté de mémoire.

1 - Jamais   4 - Souvent

2 - Rarement   5 - Toujours

3 - Parfois

Je me souviens _____ des noms des gens.

Je me souviens _____ des dates importantes.

Je me souviens _____ du lieu où se trouvent les articles de la maison.

Je me souviens _____ des événements récents et du passé.

Je me souviens _____ de prendre des vitamines et des médicaments.

Je me souviens _____ d'informations et de faits importants.

Apprendre le nom des gens

Lorsque vous rencontrez des gens pour la première fois, préparez votre cerveau au prochain défi. Au lieu de vous dire «oh, mon doux, je ne suis pas doué pour me souvenir du nom des gens» ou «je ne me souviendrai jamais de son nom», dites-vous: «C'est l'occasion de me réchauffer l'esprit. Je vais me détendre et prendre le temps de respirer.» Pensez de façon positive. Vous pouvez retenir ce nom et vous le retiendrez. Puis écoutez attentivement le nom, répétez-le au moment de vous présenter et ne flanchez pas même s'il s'agit d'un nom qui est difficile à prononcer. Si vous ne l'entendez pas, demandez qu'on le répète. Amusez-vous et prenez votre temps. Ça peut ressembler à la conversation suivante:

«Bill, j'aimerais te présenter Victoria Moore. Nous jouons au bridge ensemble. Victoria, voici Bill Atchou.»

«Enchanté de vous connaître, Victoria. Je jouais au bridge il y a quelques années.»

«Vraiment, Bill? Comment prononce-t-on votre nom déjà?»

«Oh, c'est Atchou, comme lorsqu'on éternue, vous savez, Atchou!»

«Merci, Bill.»

Voilà comment on y parvient. On répète le nom de la personne aussi souvent que possible au cours des présentations. C'est une très bonne technique pour enraciner le nom dans votre cerveau. Si vous ne prononcez son nom qu'une seule fois en lui demandant «Comment allez-vous, Victoria?», ça ne suffira probablement pas pour l'ancrer dans votre cerveau. Plus vous utilisez cette technique, meilleur vous deviendrez et vous pourrez l'enseigner aux autres. Ça marche, c'est amusant et vous serez étonné de voir à quel point cela vous fera du bien. La prochaine fois que vous verrez Bill, offrez-lui un mouchoir.

Voici une autre technique. Associez le nom de la personne avec un élément qui vous est familier et que vous trouvez drôle. Peut-être que l'endroit de votre rencontre est inusité. Remarquez l'endroit où vous rencontrez les gens. Cette association vous aidera à retenir d'autres choses. Vous souvenez-vous où vous avez rencontré Ramona ? Vos enfants et vos petits-enfants ne s'en souviennent pas, parce qu'ils n'ont jamais appris cette chanson : « Ramona, attends-moi près de la chute. »

Retenir les dates importantes et les rendez-vous

Mon esprit oublie des milliers de choses
les dates des batailles et la mort des rois
mais il se souvient de cette heure
alors que minuit sonnait au clocher
et que sous la dernière lune de mai
la bise vint de ce côté
geler le ruisseau du chemin
déposer son lourd parfum de pin
et voler doucement au passage
deux pétales au rosier sauvage

THOMAS BAILEY ALDRICH

Il est important d'être organisé si on veut se souvenir de quelque chose. Le truc est de ne pas avoir à s'en souvenir. Personne ne se souvient de tous les rendez-vous ni de tout ce qu'il y a à faire. C'est un bon exercice mental de mémoriser une liste des tâches quotidiennes mais il y a mieux. Prenez l'habitude d'inscrire les dates importantes et les tâches que vous voulez faire sur un calendrier, dans un journal, dans un ordinateur de poche ou sur le support qui vous convient le mieux mais (pas des petits bouts de papier).

Dressez une liste et prenez la bonne habitude d'aider votre mémoire. Effectuez vos tâches à la même heure chaque jour, par exemple. Chaque soir, revoyez votre emploi du temps pour le lendemain et vérifiez-le dès le matin. Ne remplissez pas votre journée au point de ne plus avoir le temps de penser. Planifiez vos réunions et vos sorties afin d'éviter les heures de trafic.

Écrivez toutes les choses que vous voulez faire. Écrivez autant de fois que vous le pouvez. Gardez un carnet, du papier et des plumes ou un ordinateur de poche à portée de la main et griffonnez les idées lorsqu'elles surgissent à votre esprit. Vous préférerez peut-être garder votre carnet dans une des pièces de la maison ou dans votre sac à main. Développer l'habitude d'écrire est une bonne façon de saisir vos idées. L'acte d'écrire est en soi une forme de répétition mentale qui aide votre mémoire.

Il est important d'être ordonné quand il s'agit de se souvenir de quelque chose. Chaque personne peut inventer des stratégies qui soulagent l'esprit. Organisez, développez des habitudes et inventez vos propres stratégies de travail. Voici des méthodes qui ont été éprouvées et qui sont efficaces. Utilisez-les comme telles, adaptez-les à vos besoins ou inventez vos propres stratégies. Elles semblent peut-être simples, pourtant tout le monde ne le fait pas. Le calendrier qui indique les dates importantes et les rendez-vous doit toujours se trouver au même endroit. Si vous utilisez un calendrier de poche et un autre dans votre cuisine, vous devez vérifier les deux chaque jour ou transcrire les informations deux fois.

Une place pour chaque chose et chaque chose à sa place

Choisissez un endroit dans votre maison ou dans votre bureau. Un endroit avec une table ou un bureau où vous rangerez tous vos outils : un calendrier, un babillard, un tiroir réservé aux factures, des lunettes (les clés sont suspendues à un crochet près de la porte d'entrée). Le calendrier peut servir à noter les échéances pour payer les comptes, les événements importants, les rendez-vous chez le médecin ou encore l'heure de faire de l'exercice.

Vous envisagerez peut-être d'avoir deux calendriers que vous garderez au même endroit : un pour noter les dates importantes reliées à vos affaires, les heures de bénévolat et les rendez-vous chez le médecin. L'autre sera réservé aux activités sociales ou autres. Vous pouvez essayer de trouver les stratégies qui vous conviennent. Soyez créatif (voir Étape 3). Il est bon pour que votre cerveau réalise ce dont il a besoin selon votre situation. Envoyez-nous les stratégies que vous avez découvertes et nous les essayerons.

Retenir où se trouvent les articles importants dans la maison

Gardez vos clés au même endroit dans la maison. Dès que vous arrivez à la maison, suspendez-les immédiatement au crochet. Prenez-en l'habitude. Si vous sortez pour allez chez quelqu'un d'autre, par exemple, placez vos clés dans un compartiment de votre sac à main ou dans une poche de votre pantalon. Prenez cette habitude. Cessez d'invoquer l'âge comme un prétexte quand vous ne trouvez pas vos clés. Votre esprit collaborera si vous faites cet effort et vous saurez toujours où se trouvent vos clés.

Appliquez la même stratégie aux articles de maison. Réservez un tiroir aux ciseaux, au ruban adhésif, etc., et rangez-les au même endroit dès que vous avez fini de vous en servir. Entendez-vous votre mère qui vous disait : « N'oublie pas de remettre les choses là où tu les as prises ! » et « Une place pour chaque chose et chaque chose à sa place. » ?

Votre mère vous disait sans doute aussi : « Mieux vaut prévenir que guérir. » Ranger vos effets personnels, c'est de la prévention. Toutefois, si vous ne les avez pas rangés et que vous ne les retrouvez pas, il vaut mieux aller acheter une nouvelle paire de ciseaux que de tourner en rond et fulminer durant une heure à essayer de les trouver et de vous traiter de tous les noms. Ce genre de stress est mauvais pour votre santé et ça ne vaut pas les six dollars que vous coûtera une autre paire de ciseaux. D'ailleurs, dès que vous reviendrez du magasin et que vous mettrez les pieds dans la maison, ils seront sous vos yeux, exactement là où vous les avez laissés. Mais souvenez-vous, un vaut mieux que deux tu l'auras. La prochaine fois que vous avez besoin de ciseaux, vous en aurez deux paires à la portée de la main. Alors le message est de décider d'avoir du plaisir avec votre mémoire. Jouez-lui des tours avant qu'elle ne vous en joue.

> Le **secret** d'une bonne mémoire est l'attention, et l'attention que l'on accorde à un **sujet** dépend de notre intérêt envers celui-ci. Nous oublions rarement ce qui **impressionne** l'esprit.
>
> Tyrone Edwards

Événements récents et anciens

Dans les situations suivantes, lequel des noms vous revient à l'esprit en premier ? Énumérez-les dans l'ordre selon l'importance que vous accordez à chacun. Le numéro 1 est le plus important ; le numéro 5, le moins important. Qu'est-ce que cela vous révèle ?

1. Le nom de quelqu'un qui vous doit 50 $.
2. Le nom de quelqu'un qui travaille avec votre voisin.
3. Le nom de quelqu'un à qui vous devez 1,50 $.
4. Le nom de quelqu'un qui vous transmet les salutations de la part de votre neveu.
5. Le nom de quelqu'un qui vous a emprunté un livre.

Se souvenir de prendre des vitamines et des médicaments

Une fois de plus, la solution, c'est l'organisation. Préparer vos médicaments chaque soir est efficace. Il existe différents contenants à cet effet que vous pouvez utiliser pendant un jour, une semaine ou un mois. Ils sont en vente à la pharmacie. Vous pouvez vous débrouiller avec autre chose si vous êtes créatif. Utilisez de simples cartons pour les œufs ou des contenants sur lesquels vous collerez une étiquette indiquant chaque journée de la semaine.

Si vous prenez des médicaments quand vous n'êtes pas à la maison, inventez une méthode pour vous souvenir quand il faut les prendre. Par exemple, composez un refrain pour la pause café et lorsque que vous boirez votre première gorgée de café, vous fredonnerez : « C'est l'heure de la caféine et de la vitamine. » En fait, inventer une ritournelle ou un refrain est un bon exercice mental et vous aide à contrôler votre mémoire. Cela vous aide aussi à alléger votre mémoire et à réduire le stress. La routine est très importante.

Retenir les informations et les faits importants

Parmi les défis que relève la mémoire, il en existe un qui correspond davantage au processus d'appretissage au sens général du terme, c'est-à-dire l'éducation.

Plusieurs personnes ont joué, mangé et bu jusqu'à ce que mort s'ensuive. Personne n'a pensé jusqu'à ce que mort s'ensuive. Le principal danger n'est pas notre âge. C'est la paresse, le laisser-aller, la routine et la stupidité. Ceux qui évitent d'apprendre trouvent que la vie est un désert. Mais quelqu'un qui veut apprendre n'est jamais à court de sujets à explorer. Apprendre est une véritable source de plaisir.

« La solution pour avoir une bonne mémoire, c'est d'avoir de l'intérêt », affirme le Dr Bruce Whittlesea. Il est professeur de psychologie à l'université Simon Fraser où il a étudié et enseigné les techniques de mémorisation au cours des vingt dernières années. Avez-vous déjà oublié un visage, un anniversaire ou l'endroit où vous avez garé votre voiture ? Il se peut que vous ayez oublié d'en prendre note mentalement. Les gens ont tendance à se justifier en invoquant leur distraction ou leur mauvaise mémoire, mais ce n'est pas de ça qu'il s'agit. On se rappelle mieux les choses qui nous intéressent. C'est vraiment une décision que nous prenons quand nous trouvons que quelque chose vaut la peine d'être retenu. La plupart des gens ne comprennent pas bien la mémoire. Les gens ont tendance à croire que se souvenir est tout ce que fait la mémoire. En fait, c'est sa fonction la moins importante. La façon dont les gens codifient l'information dans leur environnement a tout à voir avec la façon dont ils agissent. Les gens pensent « Le monde est là, tu n'as qu'à le prendre », mais c'est faux. Ce que font les gens en réalité, c'est qu'ils réinventent le monde à leur guise, à tout moment de la journée.

Dans le livre *The Mind Map Book*, Barry et Tony Buzan présentent une stratégie originale pour reconstruire l'apprentissage et la mémoire. L'outil est la carte de l'esprit, qui permet de prendre des notes rapidement et efficacement et de se souvenir d'une foule d'informations d'un seul coup d'œil. Sandra l'a utilisé au cours de son doctorat et vous pouvez l'utiliser à votre tour si elle vous convient. Nous la recommandons chaleureusement pour les raisons suivantes.

1. C'est une méthode rapide et efficace pour prendre des notes au cours d'une conférence ou d'une présentation.

2. Elle fait appel à votre créativité, il n'y a pas deux cartes de l'esprit semblables.

3. Elle note ce qui se produit dans vos cellules cérébrales (les neurones) pendant que les dendrites se ramifient et développent de nouveaux liens.

4. Elle permet d'apprendre et de mémoriser une grande quantité d'informations d'un seul coup d'œil.

On peut se réjouir des nouvelles qu'apporte le XXI ^{e} siècle. Les résultats de la recherche sur le développement de l'esprit au cours de la vieillesse sont extrêmement optimistes et suscitent l'espoir. En fait, Paul Baltes parle du XXIe siècle comme d'une époque où l'esprit est « en perpétuel développement ». Les recherches effectuées par Marian Diamond, Arne Scheibel et Paul Nussbaum révèlent que l'on peut continuer à apprendre et à grandir aussi longtemps que nous vivons. Et plus nous apprenons longtemps, plus nous sommes en santé.

Le travail de Marian Diamond démontre que la stimulation mentale à elle seule, en dépit de l'âge, peut avoir un effet direct et significatif sur le système immunitaire : le chemin est celui des hormones qui sont relâchées sous l'effet du stress. La possibilité d'améliorer le système immunitaire par la stimulation du cerveau est une idée révolutionnaire. Une étude effectuée au cours des années 1980 montrait que jouer au bridge améliore le système immunitaire. Nous croyons que notre programme de mise en forme peut avoir le même effet.

> Vous pouvez essayer toutes les **pilules** du monde et toutes les **crèmes** qui promettent de modifier le cours de l'âge, et même si ça marche, leurs **effets** pâliront devant les bienfaits qu'un seul cours vous procure en stimulant votre **pensée** et en vous incitant à essayer quelque chose de nouveau et **d'intéressant**.
>
> GENE COHEN

Nous savons que l'exercice physique améliore la santé mentale et émotionnelle ; toutefois, les gens âgés qui sont frêles ne peuvent pas participer à des activités physiques en raison de leurs incapacités ou de leurs maladies. Croyez-le ou non, nous savons maintenant que l'activité mentale à elle seule peut améliorer la santé physique. Les activités sociales qui nécessitent moins d'exercices physiques, comme apprendre quelque chose de nouveau, peuvent compléter un programme d'exercices physiques, particulièrement chez les personnes âgées qui sont frêles. Cela signifie qu'apprendre a des bienfaits sur la santé de tous.

La recherche de Paul Nussbaum ouvre la voie pour comprendre comment le fait d'apprendre est un comportement qui favorise la santé. Le cerveau a besoin de stimulation à tout âge. Apprendre est vital pour la santé et le bien-être du cerveau, et on devrait le considérer comme une des normes dans un programme de santé. De plus, Nussbaum suggère qu'apprendre sert de vaccin contre les maladies dégénératives du cerveau qui surviennent au cours de la vieillesse. La plupart des recherches visent à ralentir et à dépister les maladies du cerveau. On commence à cerner les comportements et les modes de vie comme le phénomène d'apprendre qui peuvent réduire le risque de développer la maladie d'Alzheimer.

Les études ont confirmé qu'apprendre de nouvelles choses fait croître les dendrites, ce qui renforce le cerveau. On sait que le plus grand bienfait vient du fait d'apprendre quelque chose qui est différent de ce que vous avez appris par le passé. Si vous avez toujours voulu suivre des leçons de piano, par exemple, alors c'est le temps de le faire. Apprendre une nouvelle langue procure également un grand bienfait.

Un mode de vie sain influence la capacité d'apprendre. Une bonne condition physique et de bonnes habitudes alimentaires font toute la différence. Aussi, des croyances limitatives agissent souvent à votre insu. Toute stratégie qui fait prendre conscience de la limite des croyances est un bon début. Une fois qu'elles sont identifiées, elles doivent être remplacées par des croyances positives.

Tout le monde a une mode particulier d'apprentissage et certains moyens s'avèrent plus efficaces chez tel ou tel individu. Par exemple, il y a des gens qui aiment apprendre en faisant une activité manuelle, d'autres préfèrent écouter un spécialiste. D'autres encore préfèrent étudier par eux-mêmes, suivre des cours par correspondance ou par ordinateur, et en lisant. Il y a aussi une méthode qui est bonne pour tous. Il s'agit des discussions en groupe et du dialogue. Saisissez l'occasion de relever le défi et plongez à pieds joints. Nous ne connaissons personne qui ait regretté de l'avoir fait.

Commencez par vous dire que vous pouvez améliorer votre mémoire et apprendre n'importe quel sujet. Réfléchissez à ce que vous aimeriez étudier, créez une image mentale de ce que vous voulez retenir. Demandez aux gens de parler, de répéter toute chose que vous n'entendez pas et cultivez une attitude de plaisir. Répétez et révisez les sujets que vous voulez retenir, éliminez toute forme d'anxiété et de stress, et relevez le défi d'apprendre du nouveau en toute occasion.

Apprendre est un des plaisirs de la vie. Cela ne signifie pas de se confiner aux livres, aux cours ou à l'école. Apprendre signifie garder l'esprit ouvert, un esprit qui accepte toutes les nouvelles choses, un esprit qui veut créer, changer et grandir. Apprendre élargit notre horizon et donne un nouveau sens à la vie. Ne cessez jamais d'apprendre, peu importe l'âge que vous avez. Il y a toujours une occasion d'apprendre à tout âge et à toutes les étapes de la vie.

- J'ai appris que si je disperse les petits pois dans l'assiette, ça donne l'impression que j'en ai mangé beaucoup. - 6 ans.
- J'ai appris que le plus grand défi dans la vie est de décider de choisir ce qui est important pour soi et de ne pas s'occuper du reste. - 51 ans.
- J'ai appris que l'on devient enthousiaste mais qu'on n'apprend pas à le devenir. - 51 ans.

- J'ai appris que la vie nous donne parfois une deuxième chance. - 62 ans.

- J'ai appris que les gens sont heureux quand ils décident de l'être. - 79 ans.

- J'ai appris que quand je mange des bâtonnets de poisson, ils m'aident à nager plus vite parce que ce sont des poissons. - 7 ans.

Affirmez ce que vous pensez

Nous espérons créer un monde fondé sur quatre libertés essentiellement humaines. La première est la liberté d'expression.

FRANKLIN D. ROOSEVELT

*C*e n'est pas tout le monde qui veut monter sur une tribune et s'adresser à la foule. Il y a plusieurs formes d'expression et de tribunes pour dire ce que vous pensez. Nous vous présentons une variété de modes de communication en faisant la distinction entre la conversation, la discussion, le débat et le dialogue. Nous allons explorer la renaissance de deux traditions avec lesquelles vous aimeriez renouer ou que vous aimeriez relancer dans votre communauté : la philosophie de café et la conversation de salon. Enfin nous vous donnerons des consignes à suivre pour démarrer votre propre salon et vous indiquerons comment en assurer le succès. Le dictionnaire Oxford définit la communication comme « établir un contact par des mots ou des signaux, ou toute méthode pour se faire comprendre des gens ». Mais d'abord, c'est l'heure de faire un exercice d'échauffement.

Échauffement

Exercice 1 : **L'homme dans la toile**

Un homme regarde une peinture et déclare : « Je n'ai ni frères ni sœurs. Mais le père de cet homme est le fils de mon père. » Quelle est le lien entre l'homme dans la peinture et celui qui la regarde ? (Voir « Questions et réponses », à la page 235.)

Communication différée

Avant de commencer à parler des différents face-à-face entre les gens, il est important de se rappeler qu'il existe plus d'une façon de communiquer qui n'impliquent pas nécessairement que les gens soient ensemble, comme ce texte. Dans ce monde de haute-technologie, la communication en différé influence notre travail, notre vie publique et privée à un degré ahurissant. Nous avons souvent peu d'informations sur les sources ou sur la valeur du message. Le journaliste Allen Garr voit la communication comme une illusion qui encourage la malhonnêteté. Selon Garr, « ce qu'on appelle l'ère électronique, l'ère numérique ou l'ère de la réalité virtuelle nous a donné une culture inventée et un paquet de fils. L'élément humain a été retiré de l'équation des communications et remplacé par l'illusion. Comme Gertrude Stein l'a déjà dit : « Il n'y a rien là. »

Avez-vous déjà...

- Passé trois minutes à appuyer sur les boutons de votre téléphone pour obtenir une information quand subitement la communication a été coupée ?

- Téléphoné à quelqu'un qui vous a « filtré » et qui n'a pas répondu ?

- Répété le message que vous vouliez dire ou écrit celui-ci afin d'être prêt à le dire dès qu'un être humain vous répondrait ?

- Dit à un ami de ne pas répondre au téléphone afin que vous puissiez lui laisser un message ?

Interface et face-à-face

Toute cette technologie crée une réalité virtuelle, laissant les gens affamés de retrouver les anciennes méthodes de communication avec le souffle, la pensée et l'attention propres aux êtres humains. L'art de la conversation était en perte de vitesse mais il est en train de renaître. La conversation est définie dans le dictionnaire comme « un bon parler pratiqué comme un art » et peut prendre la forme d'une discussion, ce qui veut simplement dire un « échange verbal d'idées ». Il peut s'agir d'un débat, qui signifie « discuter à fond d'un sujet et d'une façon formelle en suivant certaines règles de procédure ».

Ce chapitre n'est pas un mini-cours pour apprendre à parler en public. Il existe un grand nombre de bons livres à ce sujet et d'excellents cours pour y arriver. Nous vous offrons l'occasion de considérer les différents lieux où vous pouvez dire ce que vous pensez. Il peut s'agir, entre autres, d'un discours d'accueil à l'occasion d'une réunion de famille ou d'un éloge au cours des funérailles d'un ami intime. C'est l'occasion de changer le monde avec des mots. Nous n'avons qu'à penser aux grands de ce monde et aux phrases qu'ils ont prononcées pour réaliser l'impact de la parole. Pour n'en nommer que quelques-uns, nous citerons Martin Luther King : « J'ai fait un rêve » ; John F. Kennedy : « Ne vous demandez pas ce que votre pays peut faire pour vous mais demandez-vous ce que vous pouvez faire pour votre pays » ; Winston Churchill : « Nous les combattrons sur les plages... Mais nous ne nous rendrons jamais. » Ces mots ont changé le monde. Ils ont changé l'univers. Theodore Roosevelt aimait citer le vieil adage : « Parlez doucement et portez un gros bâton ; vous irez loin. » Dans votre propre environnement, vos paroles peuvent semer la joie au cours d'une fête, avoir un effet positif sur vos enfants, inspirer un ami ou vous procurer du travail.

Pourquoi dire ce que vous pensez ?

Dire ce que vous pensez revêt une telle importance que le faire peut modifier l'image que vous avez de vous-même. En saisissant la moindre occasion de vous exprimer, vous éprouverez plus de confiance en vous et plus de plaisir. Cela aide à affronter les problèmes et à mettre de l'ordre dans vos sentiments. De plus, cela vous permet d'affirmer vos idées d'une façon claire. Il existe plusieurs sortes de cours de diction et certains valent leur pesant d'or.

Il n'y a rien qui soit aussi bon que d'exprimer vos pensées profondes relativement à ce qui a une signification et de la valeur pour vous, de voir les gens écouter et saisir exactement ce que vous êtes en train de dire et ce que vous éprouvez. Ce dernier élément de la santé mentale vous aidera à rassembler vos pensées et à les lancer au bon moment pour qu'elles aient plus d'effet.

> **Mon meilleur ami est celui qui voit mes bons côtés.**
> HENRY FORD

Dire ce que vous pensez est un élément clé de la santé mentale pour plusieurs raisons. La première est toute simple. Il est satisfaisant d'avoir des idées claires et un esprit critique, mais si vous ne dites pas ce que vous pensez, vous n'atteignez pas les autres. Si vous avez l'esprit en forme, que vous avez « une bonne tête sur les épaules » et si vous avez vécu 40, 50 ou 100 ans, les autres ont besoin d'entendre parler de vos expériences. Vos croyances et vos valeurs ont été mises à l'épreuve et vous avez une perspective sur ce qui est important dans la vie.

Cela nous amène à parler de la seconde raison pour laquelle il importe de dire ce que vous pensez. Depuis votre enfance, on vous a peut-être entraîné à respecter l'autorité et à vous taire. Si c'est le cas, vous devrez peut-être surmonter le conditionnement que vous avez subi tout au long de votre vie et qui a commencé par des phrases comme : « On doit surveiller sur les enfants et non pas les écouter ». Si vous êtes une femme de plus de 50 ans, vous avez probablement très bien appris vos leçons et il vous faudra peut-être du temps et de la volonté pour les oublier. Si vous êtes né entre 1946 et 1961, vous êtes considéré comme faisant partie de la génération des bébés boomers. Ces dates varient d'études en études, mais il est généralement admis qu'il s'agit de la période s'étalant sur 15 ans après la Guerre. Quant au terme « boomer », c'est le nom attribué aux gens de cette génération en raison de l'explosion démographique et d'une augmentation du taux des naissances survenu entre 1946 et 1961. Il y a 75 millions de bébés boomers en Amérique du Nord. Si les boomers commencent à dire ce qu'ils pensent, ça fera boum !

En général, les bébés boomers s'intéressent aux sports, aux régimes, à la santé mentale et à tous les programmes de santé à long-terme. Ce groupe démographique est large et varié : les plus vieux boomers refusent de devenir vieux et usent de tous les moyens pour conserver leur jeunesse. Les plus jeunes boomers sont dans la quarantaine et ont appris par la méthode difficile qu'il est important de dire ce que l'on pense ; ils forment le premier groupe à avoir une vue optimiste du vieillissement.

Nous voulons que vous lisiez et que vous pensiez à quelque chose de nouveau sur les plans personnel et professionnel. Nous vous invitons à considérer les différents lieux de communication. Essayez de nouvelles façons de dire ce que vous pensez pour changer le monde si tel est votre objectif, ou plus important encore, pour vous changer vous-même. Et si vous n'avez ni envie de changer le monde ni vous-même, alors prenez un repos bien mérité et amusez-vous à lire ce qu'on raconte sur le retour de la philosophie de café et des salons d'une autre époque.

Une large portion de la population âgée fait partie de « la génération silencieuse » telle que décrite par Ann Fishman, présidente d'une firme de marketing. Le tiers de la population âgée de 50 ans et plus fait partie de cette génération. Si on considère que le tiers de la population totale en Amérique du Nord a 50 ans et plus, nous parlons d'environ 11 pour cent de la population totale, soit 40 millions de gens aux États-Unis seulement.

La génération silencieuse, née entre 1925 et 1942, est à la retraite ou sur le point de la prendre. Ceux qui en font partie ont entre 60 et 80 ans et sont les pionniers qui redéfinissent ce que signifie être vieux dans un monde vieillissant. En général, ce sont des gens pleins de vitalité et actifs, à l'affût de la nouveauté et assoiffés d'aventures. Parmi ce groupe, il y a les grandes féministes et les avocates qui ont défendu les droits civils et dont la mission a été « d'humaniser le monde ». Elles ont des principes élevés, du respect pour les experts, une éthique de travail très stricte et sont motivées par une volonté d'aider les autres. Mais

> Quand on a **confiance** en soi, on n'a pas besoin de se **vanter** de sa **force** ; et l'on **respecte** celle des autres sans la craindre.
>
> THOMAS JEFFERSON

plusieurs personnes de cette génération se taisent ou font rarement entendre leur voix.

Les femmes se consacrent particulièrement à la famille en tant que fille, épouse, mère et grand-mère. Tout en respectant l'autorité, elles négligent toutefois de faire entendre leur voix dans la communauté. Mais elles commencent à changer. Elles ont plus souvent l'occasion qu'auparavant de s'exprimer. On a lancé plusieurs projets dans les communautés et offert des tribunes aux gens afin qu'ils puissent s'exprimer, parler de leurs passions et émerger du silence.

Un de nos groupes du programme pour la santé mentale, comprenant des gens âgés de 50 à 85 ans, a transmis notre message au Congrès mondial sur la vieillesse qui s'est déroulé en 2001 à Vancouver et qui rassemblait des délégués provenant de 65 pays. Nous avons présenté le programme de santé mentale aux 300 délégués, chercheurs, enseignants et praticiens qui assistaient au congrès.

Savoir parler

Savoir parler est un talent qui peut s'apprendre et c'est un atout inestimable au cours de notre vie professionnelle et sociale. On éprouve une grande satisfaction à être capable de présenter des idées claires et précises. Et à bien y songer, la conversation est un moyen de vous divertir en bonne compagnie.

Dire ce que vous pensez est un outil puissant pour les gens de tous les âges. Vous vous en servez en maintes occasions à la maison ou au travail, que vous soyez assis en train de causer avec vos amis ou debout devant un groupe de collègues. Vous serez fier de voir que l'on vous considère comme un leader dans votre vie professionnelle et en tant que bénévole.

Converser est en effet un art. C'est un excellent moyen de stimuler votre esprit et de cultiver le vocabulaire et le style qui est le vôtre. Donner une voix à vos pensées, exprimer ce que vous voulez vraiment dire, avoir le courage de ses idées et être courtois sont les signes d'un esprit en santé.

Chaque fois que vous saisissez l'occasion de dire ce que vous pensez, vous ranimez les cellules de votre cerveau. Réfléchissez avant de parler. Qu'est-ce que vous voulez dire au juste ? Joignez-vous aux cercles de discussions. Tout le monde a quelque chose d'important à dire. Ne parlez pas aux gens sans les regarder ou tâchez de ne pas les interrompre. Parlez avec les gens et surtout, écoutez-les. Le père de Wendy avait l'habitude de dire « N'utilise pas un mot à 25 cents quand il suffit d'un mot à 5 cents », et Thomas Jefferson affirmait que « le plus grand talent, c'est de ne pas dire deux mots quand un seul suffit. »

Nous apprenons tous un langage en grandissant mais peu d'entre nous savent goûter au plaisir de la conversation et en savourer tout le sens. S'il y a une chose que l'on nous enseigne, ce n'est pas tant de parler en public que de s'initier à l'art du débat. On nous enseigne à utiliser des mots précis pour déceler les points faibles de nos opposants et défendre nos opinions, à lancer des pointes acérées à notre interlocuteur pour connaître ses idées et enfin à démolir ses arguments. Ce n'est vraiment pas une conversation mais une forme très civilisée de combat.

Supposons que nous commencions à converser avec les autres non pas pour les convaincre de quoi que ce soit mais seulement pour les connaître. Imaginez combien la vie serait différente si, au lieu de vous affronter, on nous enseignait à mettre en valeur le fait de parler. Supposons que nous ayons une approche esthétique de la conversation. Qu'arriverait-il si nous recherchions l'élégance, la beauté et la simplicité ? Parviendrions-nous à apprécier l'éloquence, le charisme, la créativité, et à être transportés par les mots ? Supposons que nous cherchions la beauté dans les idées d'autrui au lieu d'y chercher des défauts. Nous aurions sans doute plus de sagesse et d'éloquence.

L'art de la conversation

Selon David Battersby, un pionnier dans l'enseignement au troisième âge, le besoin de discuter et de dialoguer est un trait qui se distingue chez les étudiants d'âge mûr. De plus, dans un cours pour adultes, le professeur cède la parole à ses étudiants et joue plutôt le rôle de modérateur. Il crée un climat agréable et permet aux gens de se lancer librement dans une discussion passionnée sur le sujet de l'heure ou qui soulève l'intérêt général. L'accent est mis sur le côté libre de la discussion au cours de laquelle les gens se sentent à l'aise de livrer leurs pensées et leurs sentiments.

Au cours des discussions, les gens développent leurs opinions et comprennent mieux les différents points de vue. Une vraie discussion inspire le respect mutuel et suscite l'intérêt à l'égard de ce que les autres ont à dire, et les gens se témoignent plus d'estime. En plus d'avoir la volonté et le désir d'exprimer ses convictions, ses valeurs, ses opinions, on doit être un bon « auditeur ». Combien de gens monopolisent la conversation mais ne semblent pas du tout intéressés à ce que vous avez à dire ?

Si quelqu'un s'intéresse à votre point de vue, il vous fait une grande faveur. Écoutez-le de toutes vos oreilles, de tout votre cœur et de toute votre âme. Si on vous soumet une idée, vous n'avez pas besoin de fouiller parmi vos pensées ni à prouver que vous avez raison. Vous ne devez pas vous sentir menacé par le savoir des autres ou craindre de ne pas avoir l'air intelligent. Il suffit d'écouter et de se détendre. Tout ce que vous avez à faire, c'est de poser des questions à l'autre et de laisser tomber vos histoires. Essayez de voir ce que l'autre peut vous apprendre. Qu'est-ce qu'il essaie de vous dire au juste ?

> On n'attire pas les **mouches** avec du **vinaigre**.

Accordez-lui la faveur de l'écouter et vous le verrez resplendir de joie. Puis, un autre jour, dites-lui ce que vous pensez et trouvez quelqu'un qui agira de la même façon avec vous.

Discussion et dialogue

Une discussion en groupe permet aux gens d'assimiler de nouvelles informations et de les interpréter selon le contexte ou selon leur expérience de la vie. Comment savoir si vous avez eu une discussion enrichissante ? Est-ce parce que les gens vous ont trouvé brillant ? Est-ce parce que tout le monde vous écoutait parler ? C'est pourtant simple. Vous vous sentez bien et vous avez plus d'énergie. Et n'est-ce pas le plus beau cadeau ? Lorsque les gens se donnent de l'énergie, l'excitation grandit.

À l'heure actuelle, on a grand besoin d'accéder à une forme de communication beaucoup plus profonde pour que les gens de différentes cultures et d'autres pays puissent vivre en harmonie. Selon Daniel Yankelovich, un conseiller en communication qui travaille aux États-Unis et dans divers organismes, il y a plus que jamais un besoin d'établir un vrai dialogue dans le monde des affaires. Plusieurs facteurs sont à l'origine de ce besoin.

- L'érosion de l'autorité dans le monde du travail.
- Les alliances entre les organismes et l'intégration des différentes cultures, structures et traditions dans le monde du partenariat.
- Le besoin de réparer les dommages moraux.
- Le besoin de stimuler la créativité et d'innover.

Le dictionnaire Webster définit le dialogue comme la recherche d'une compréhension mutuelle et harmonieuse. Toutefois, le résultat de chaque conversation n'est pas toujours harmonieux. Il suffirait que les gens comprennent pourquoi ils expriment leur désaccord avec tant de véhémence. Martin Buber, dans son chef-d'œuvre, *I and Thou*, dit que le dialogue implique une véritable ouverture d'esprit vis-à-vis de l'autre. Je ne rejette pas

> **Nous devons construire** un nouveau monde, un **monde meilleur** où la **dignité** de l'homme sera respectée.
> HARRY S. TRUMAN

immédiatement le point de vue avec lequel je suis en désaccord ni ne prononce des arguments massue. Au lieu de ça, j'écoute le point de vue de l'autre pour approfondir la conversation.

Le dialogue est une forme sophistiquée de la discussion qui impose une discipline rigoureuse aux participants. Lorsque le dialogue est adroit, les résultats sont extraordinaires : les stéréotypes fondent à vue d'œil, la méfiance se dissipe et l'on parvient à se comprendre mutuellement. On établit un terrain d'entente, on découvre de nouvelles perspectives et on atteint de nouveaux niveaux de créativité. Et les liens se resserrent entre les membres d'une communauté.

Dialogue ou débat

Le dialogue est à l'opposé du débat. Le but d'un débat est de remporter un enjeu et de vaincre son interlocuteur. Dans un dialogue, tout le monde y gagne. Remporter une discussion aux dépens des autres est la pire façon de se comprendre.

> Les meilleurs **mots** sont les plus **courts** et s'ils sont vieux, c'est **encore mieux**.
> WINSTON CHURCHILL

Dans un débat, on estime qu'il y a deux vues opposées ; dans le dialogue, on estime que plusieurs personnes détiennent les éléments d'une solution qu'elles trouveront ensemble. Dans un débat, les participants tentent de démontrer que l'autre partie à tort. Dans un dialogue, les participants travaillent ensemble vers une compréhension commune. Dans un débat, les gens écoutent pour déceler les failles et se préparent à riposter par des arguments. Dans un dialogue, ils écoutent pour comprendre. Dans un débat, nous estimons que nos hypothèses sont des vérités. Dans un dialogue, nous soumettons nos hypothèses pour les faire évaluer. Dans un débat, on cherche à remporter un enjeu. Un dialogue permet de trouver un enjeu commun.

> Si vous êtes en **colère**, comptez jusqu'à **dix** avant de parler ; si vous êtes très en colère, comptez jusqu'à **cent**.
>
> THOMAS JEFFERSON

Stratégies pour établir un bon dialogue

- Vérifiez si les trois éléments du dialogue sont là : égalité, écoute, hypothèses.
- Réduisez le niveau de méfiance avant de passer au sujet pratique.
- Concentrez-vous sur les intérêts communs et laissez de côté ce qui risque de diviser les gens.
- Utilisez un exemple pour susciter des questions.
- Établissez un climat de confiance avant de poser des questions.

Pourquoi dialoguer ? Pour renforcer la confiance. Le dialogue aide différents membres d'un groupe à faire connaissance et à se sentir plus à l'aise les uns avec les autres. La coopération s'établit naturellement ; les gens s'identifient aux membres de leur communauté. Pour réussir à instaurer le dialogue, il existe plusieurs stratégies qui peuvent améliorer la qualité de la discussion et des relations entre les gens selon le contexte, et si les gens discutent ensemble de questions d'intérêt commun.

De nos jours, il existe plusieurs tribunes, incluant de nouvelles façons d'utiliser les ordinateurs pour « clavarder » et consulter les autres. De même que nous renouons avec les traditions de la philosophie de café et de la conversation de salon. Mais d'abord, examinons le talk-show, un phénomène en Amérique.

« Ici Yetta, en ondes à l'âge de 92 ans » (The Province)

New York - Il est 8h39 du matin et le moteur tourne. L'indicatif musical s'estompe. L'animatrice est vêtue d'une jupe et d'un chemisier de couleur prune. Elle regarde la caméra et sourit.

« Bonjour tout le monde », dit-elle. « Ici l'émission Residents Update et je suis votre animatrice, Yetta Bauer. »

Les amateurs de talk-show reconnaissent le plateau où se produisent les plus célèbres animateurs des États-Unis. Mais l'animatrice a 92 ans. Et elle parle depuis d'un centre gériatrique. Yetta Bauer est l'animatrice la plus âgée des États-Unis... Même en attendant d'entrer en ondes pour la première fois, elle se demandait pourquoi : « J'étais tellement nerveuse, alors j'ai écrit mes questions sur un bout de papier que j'ai gardé sur mes genoux. Mais ça s'est bien passé. »

Sa première invitée était une infirmière. Depuis ce jour, elle a invité 34 autres employés de la résidence et trois résidents... En juillet dernier, un journal a publié sa photo et une brève histoire en la décrivant comme la plus âgée des animatrices. Quelques jours plus tard, David Letterman lui a téléphoné pour l'inviter. Une semaine plus tard, on l'amena en limousine à l'émission. David la présenta aux gens et elle reçut une ovation. Letterman lui demanda combien de fois elle interviewait les gens.

« Chaque fois que j'en ai envie », dit-elle. Letterman a éclaté de rire. Bauer a quelques règles. Elle ne demande jamais l'âge des gens. Selon elle, ça ne regarde personne. Et elle ne laisse pas les invités critiquer le Centre...

« Ce qu'il y a d'étonnant, dit Bauer, c'est que je ne savais pas que j'avais ce talent, si c'est un talent. Ce qui est encore plus étonnant, c'est qu'il ne s'est pas révélé avant que je sois très âgée. J'aimerais qu'on réfléchisse à ce phénomène. »

La philosophie de café

Le monde assiste à la renaissance du dialogue, une tradition qui remonte aux Grecs. Le Dr Josef Wosk, de l'université Simon Fraser, vient de recevoir l'Ordre de la Colombie-Britannique parce qu'il a fait revivre la philosophie de café.

Le Dr Wosk explique : « Il s'agit d'une soirée où se réunissent des intellectuels qui conversent en public et qui abattent les barrières qui sont traditionnellement dressées par les institutions aca-démiques. Plusieurs participants sont des gens d'âge mûr qui ont le temps d'aborder des sujets philosophiques, un loisir qu'ils n'avaient pas le luxe d'avoir plus tôt dans leur vie. Ils apprécient le défi de réfléchir plus profondément à toutes sortes de sujets comme la religion ou la politique. »

Le mouvement a commencé à Paris en 1992 au Café des Phares avec des soirées *cafésphilo*. Les séances ont sans doute étanché la soif d'un discours intellectuel car le mouvement s'est propagé dans toute la France. La philosophie de café est populaire en Europe, au Royaume-Uni et en Amérique du Nord. Un tel engouement s'ex-plique par le vieillissement de la population, le besoin d'avoir des converstions significatives, et la facilité d'ac-cès à l'information et au savoir.

Dans un café de ce genre, un groupe de gens se réunissent pour échanger leurs points de vue tout en mangeant et en trin-quant ensemble. On suggère un thème et on désigne un modérateur. Il s'agit sou-vent d'un professeur d'université ou de collège qui trouve rafraîchissant de quitter

> Le **cœur** d'un fou est dans sa bouche mais la **bouche** d'un **sage** est dans son cœur.
> BENJAMIN FRANKLIN

sa tour d'ivoire et d'échanger des idées avec le public. Le modé-rateur joue plusieurs rôles. Il trouve le sujet et effectue quelques recherches. Le modérateur connaît la communauté et les lieux, et il veille surtout à ce que les gens ne changent pas de sujet. Il empêche quiconque de monopoliser la discussion.

Dans le monde moderne, l'expérience est médiatisée la plupart du temps. L'information nous est transmise et nous sommes très passifs. La renaissance des cafés reflète notre besoin de créer de vraies discussions dans une oasis. C'est similaire au principe sab-batique, un temps consacré à parler ensemble de sujets qui ont du sens et une valeur pour nous. Ceux qui ont une longue expé-rience de la vie se réunissent pour livrer leurs pensées et parler de choses qui leur sont importantes.

Le salon

Nous avons oublié comment être ensemble. Les humains ont toujours tenus salon ou discuté dans un lieu du genre bien avant qu'on en parle dans l'histoire. Nos ancêtres ont inventé des signaux, des règles et une étiquette qui facilitaient les réunions. Nous avons perdu le talent de nous réunir en société. Nous avons besoin de le redécouvrir chez les autres cultures et en partie dans la nôtre, aussi étrange que cela puisse paraître.

ERIC UTNE

La conversation est une communion. Elle est à la base de tous les efforts et il se peut qu'elle soit l'activité humaine la plus importante. À travers la conversation nous témoignons du respect, nous communiquons de l'amour, nous nous inspirons les uns et les autres, nous apprenons au sujet des autres, nous montrons notre savoir, nous rions, pleurons, vivons, aimons et apprenons par-dessus tout à nous exprimer.

> Si vous brillez par votre **esprit**, vous êtes **naturellement** démodé et **ordinaire** dans la **vie** de tous les **jours**.
>
> GERTRUDE STEIN

Le mouvement des salons est en train de renaître dans le monde occidental. Ce mouvement est plus varié et, en général, moins formel que celui de la philosophie de café. Au cours de la dernière décennie, on a remarqué en Amérique du Nord un nombre grandissant de clubs de lecture, de groupes de travail et de cercles d'études. Les gens éteignent la télévision et leur ordinateur, quittent leur sofa et disent ce qu'ils pensent en personne. Ils communiquent avec les autres d'une façon véritablement humaine.

Histoire du salon

« *Converser est humain, tenir salon est divin.* »

JAIDA N'HA SANDRA

Les précurseurs des salons européens étaient les symposiums de la Grèce antique qui se déroulaient dans les maisons privées, dans une pièce spécialement aménagée dans ce but. Au cours des réunions, six à huit invités mangeaient, buvaient et discutaient de tous les sujets, des potins, de la politique et de la philosophie. Égalitaire dans les sujets, le symposium rassemblait des gens aux activités diverses. Ce mélange de gens encourageait des échanges créatifs entre les membres de diverses disciplines et permettait aux dirigeants de garder le contact avec les simples citoyens. Toutefois, le symposium n'admettait ni les femmes ni les étrangers.

> Si tout le **monde** pense la même chose, c'est qu'il y en un qui ne **pense** pas.
> GEORGE S. PATTON

Les anciens Romains imitaient le symposium en organisant des banquets où régnait la décadence. La coutume romaine d'inviter des artistes et des écrivains à la maison se perpétua pendant plusieurs siècles en Italie. Les rois français revinrent des guerres en Italie avec des écrivains et des érudits, bien déterminés à fonder leur propre cercle littéraire. Les femmes des riches marchands et les dames de la cour résidant loin du palais adoptèrent cette nouvelle fantaisie. Ainsi naquit le salon français. Les conversations semblaient inoffensives mais c'est dans ce genre de salon qu'on fomenta la Révolution française. Ces dames tenaient salon et autorisaient ces messieurs à parler librement.

Organisez votre propre salon

Tout le monde peut organiser un salon moderne. Si vous aimez cette idée, envoyez une invitation à une douzaine d'amis et aux amis de vos amis pour participer à une discussion en groupe et choisissez le thème de la soirée. À la fin de la première soirée, demandez à tous de suggérer un thème pour la prochaine séance et passez au vote. Encouragez les gens à inviter des amis et prenez du plaisir à dire ce que vous pensez.

Si vous décidez de tenir salon, votre personnalité et vos intérêts détermineront l'humeur et les buts du salon. Le nombre de personnes révélera si votre vision les inspire. C'est une grande responsabilité et cela signifie que le succès ou l'échec dépend de vous.

La meilleure idée est d'inviter plusieurs personnes à venir discuter au sujet de la création d'un salon. Cela vous donnera de l'inspiration. Plus il y a de gens impliqués dans l'élaboration du concept, plus le salon tiendra le coup longtemps et plus vous aurez du succès. Voici les éléments de base :

- Choisissez un thème pour chaque réunion.
- Choisissez une soirée au cours de la semaine ou du mois et prévoyez que la réunion durera deux heures.
- Réunissez-vous toujours chez la même personne. Idéalement, la maison devrait avoir un salon qui peut accueillir douze personnes.
- Faites une liste des sujets que le groupe a trouvés, puis votez. Permettez aux gens de voter autant de fois qu'ils le désirent. Lorsqu'un des sujets fera l'affaire de tous, vous tiendrez votre sujet.
- Désignez une personne qui enverra des annonces par la poste ou par courrier électronique. Écrivez à chacun pour lui rappeler l'endroit, l'heure et le thème du premier salon. Cette personne peut aussi être le modérateur au cours de la première séance. À la fin de chaque réunion, demandez à un bénévole de créer la prochaine annonce et d'animer le prochain salon.
- Demandez un dollar par personne et remettez le montant récolté à la personne qui s'occupe des envois postaux. Ou utilisez le courrier électronique si tout le monde a une adresse.
- Apportez des friandises et des boissons, mais ne préparez pas de repas.
- Encouragez les gens à inviter leurs amis et ajoutez leurs noms à la liste des envois postaux.

Bar clandestin

Durant la prohibition (1920-1933), on trouvait des «speak-easies» un peu partout. Il s'agissait de bars clandestins où se pressaient les gens chic et qui servaient de tripot. Les saloons de l'ancien temps étaient exclusifs aux hommes, mais les femmes étaient admises dans les «speakeasies». Sur le plan social, le fait que les hommes buvaient en compagnie des femmes revêtait de l'importance. L'alcool frelaté goûtait si mauvais qu'on le mélangeait avec des jus de fruits pour faire les premiers cocktails. C'était pour les femmes, comme vous pouvez le deviner. Les hommes côtoyaient les femmes sur le zinc. La conversation changea aussi radicalement que la structure sociale. Comme pour le mot «speakeasies», elle s'opéra aussi pour les gens fréquentant les cafés en 1920. Et c'est notre message : parlez avec facilité !

> *Voici un toast à votre santé:*
> *Rappelle-toi que moins veut dire plus.*
> *Dis ce que tu penses.*
> *Que tes paroles soient faites de courage.*
> *Parle avec douceur.*
> *Écoute avec ton cœur.*

Devoir

- À quoi pensez-vous ?

- Où aimeriez-vous dire ce que vous pensez ?

- Qu'aimeriez-vous dire ?

- Choisissez une tribune. Réfléchissez à ce que vous aimeriez dire et dites-le.

- Pourquoi ne pas tenir votre propre salon ?

- Au cours de la prochaine fête que vous organiserez, écrivez des thèmes sur des bouts de papier que vous placerez dans un chapeau. Demandez à un invité de piger un des papiers. (Dites à vos invités que vous venez de terminer de lire un excellent livre qui suggère cette idée.) Amusez-vous pendant la discussion.

Pour garder la forme

Il ne suffit pas d'avoir de l'esprit.
Il importe de bien s'en servir.

RENÉ DESCARTES

*V*ous vous demandez peut-être par quoi commencer ? Peut-être avez-vous décidé de jouer de la flûte ou que vous avez pris des cours de menuiserie. Certains d'entre vous apprennent peut-être l'espagnol avec des disques compacts empruntés à la bibliothèque ou préfèrent fréquenter un club de lecture. Il y a tant de façons de stimuler votre cerveau.

C'est l'occasion de créer votre programme de mise en forme. Vous pouvez choisir les exercices en fonction de votre condition et de vos intérêts. Nous espérons qu'à partir de maintenant, vous pratiquerez une activité, un art ou un talent, et que vous fréquenterez un lieu de création. Allez jusqu'au bout. Et vous verrez que vos activités feront bientôt partie de votre réalité de tous les jours.

Avoir l'esprit en forme ne veut pas dire que vous apprendrez l'algèbre ou la physique avec facilité, que vous résoudrez les problèmes politiques ou que vous composerez une symphonie rock en une heure. Cela ne signifie pas que vous serez le plus intelligent de votre groupe, celui qui a toujours raison ou qui n'est jamais de mauvaise humeur. Cela signifie que vous contrôlez vos pen-

> Votre **auto** roule plus doucement et brûle moins d'essence quand les **roues** sont parfaitement **alignées**, et vous agissez mieux quand vos pensées, vos sentiments, vos émotions, vos buts et vos valeurs sont **équilibrés**.
> Brian Tracy

sées. Vous décidez de parler comme vous l'entendez, de balayer les croyances négatives et astreignantes et de prendre de sages décisions. Vous pouvez rire davantage et vous entourer de personnes agréables. Vous pouvez également commencer à suivre un programme d'entraînement physique. Il y a un nombre infini de choses que l'on peut faire quand on a l'esprit en forme.

L'étape 7 est une rampe de lancement pour votre programme de mise en forme. Nous allons vous donner des stratégies et une douzaine de suggestions à incorporer dans un plan quotidien, hebdomadaire, mensuel ou annuel. Elles vous garderont l'esprit en forme pour le reste de votre vie.

Il faut d'abord créer un programme stimulant qui vous permettra d'aller plus loin dans tout ce que vous ferez. D'abord on peut le définir en s'inspirant des exercices physiques. Voici la description de Dot Josey, une participante au cours de mise en forme, âgée de 80 ans.

Mise en forme

Physique   *Mentale*

Secouer ...   les toiles d'araignée de votre cerveau et démarrez le processus de penser.

Marcher...   main dans la main, bien communiquer, être compréhensif sans poser de jugement de valeur.

Étirer...   votre esprit pour accroître le pouvoir créatif.

Tendre...   l'oreille, écouter attentivement, pour que votre esprit assimile et comprenne ce qu'il apprend.

Assouplir...   votre esprit pour le stimuler à apprendre de nouvelles choses.

Lever...   la tête pour avoir l'esprit vif et clair.

Élever...   votre esprit pour avoir de la confiance et de l'assurance.

Pivoter...   et voir les problèmes sous un nouvel angle.

Tirer...   le fruit de vos expériences et de votre imagination.

Pousser...   vos idées jusqu'au bout.

Respirer
profondément... détendre votre esprit et améliorer votre
                        mémoire.

Rajeunir...   vos idées et vous résoudrez des problèmes difficiles d'une manière claire et concise.

Votre programme mensuel pourrait ressembler à ce qui suit. Vous ferez des activités tous les jours, comme des mots croisés. Veuillez noter que cet horaire n'inclut pas les séances d'entraînement physique. Vous pouvez ajouter les activités que vous faites seul, avec votre partenaire ou un ami, ou en groupe, ainsi que les événements qui se déroulent au collège de votre communauté ou à l'université. Créez un horaire sur mesure.

Dimanche	Lundi	Mardi	Mercredi	Jeudi	Vendredi	Samedi
réfléchir	espagnol	mots croisés		cours d'art		souper
lecture	espagnol		bridge	cours d'art	galerie d'art	recette
visite au musée	espagnol	méditation	écrire dans son journal	cours d'art		repos
promenade	espagnol	documentaire	chorale	cours d'art	galerie d'art	salon

Frederick Faust affirme ceci : « Il y a un géant qui dort en chacun de nous. Lorsque le géant se réveille, il accomplit des miracles. » Faites quelque chose de différent aujourd'hui même et réveillez le géant. Quand avez-vous appris un poème par cœur ? Vous pouvez probablement encore réciter les poèmes que vous avez appris à l'école lorsque vous étiez enfant. Vous n'êtes plus obligé d'apprendre un texte, mais maintenant que vous avez le choix, cela peut être un excellent exercice mental.

Voici deux strophes (la première et la dernière) d'un célèbre poème de Robert Gros. Allez à la bibliothèque et effectuez une petite recherche sur le poème et son auteur. Parlez-en à vos amis et à vos collègues au lieu de leur parler de la météo ou des nouvelles. Apprenez quelques vers et récitez-les. Et demandez-leur s'ils l'ont déjà entendu. Vous verrez ce qui arrivera.

La route inconnue

Une forêt jaune je traversai
Quand à deux routes j'arrivai
Je suis resté longtemps à regarder
L'autre route se perdre au loin
Avant de choisir mon chemin
Je raconterai ceci en soupirant
Au fond de la forêt, il y a longtemps
Deux routes croisèrent mon chemin
Je pris celle que je connaissais le moins
Et cela a changé mon destin

Le rôle de l'humour

Prenez le temps de rire. Comme dit Gene Cohen : « Le rire est libérateur. Usez d'humour avec largesse. Ça détend les muscles et permet à l'esprit de faire des liens. » Voici des phrases qui vous feront peut-être sourire. Il s'agit de quelques notes prises en voyage.

Dans un hôtel à Moscou : *S'il s'agit de votre première visite en Russie, vous êtes le bienvenu.*

Dans un zoo en Pologne : *Veuillez ne pas nourrir les singes. Si vous avez la bonne nourriture, donnez-la au gardien du zoo.*

Dans un hôtel chinois : *Vous êtes invité à profiter de la femme de chambre.*

Exercez-vous à raconter des blagues. Tout le monde aime entendre une bonne blague. La plupart des gens connaissent une bonne blague mais le plus souvent, ils oublient comment elle finit. Lorsque vous entendez une bonne histoire, faites l'effort de l'écrire, de l'apprendre et de la raconter aux autres. En voici une qui est facile à apprendre.

Il faut garder la forme. À l'age de 60 ans, ma grand-mère marchait 5 kilomètres par jour. Elle a maintenant 97 ans et nous ne savons pas où elle est rendue !

ELLEN DeGENERES

Étudiez les vieux adages. Vous êtes-vous déjà demandé d'où venait leur sens ? Le cliché « Plus facile à dire qu'à faire » signifie qu'il est plus difficile de transporter un fardeau que de le contempler. Parfois on entend la version suivante : « Plus vite dit que fait. » La formule la plus connue est : « Aussitôt dit, aussitôt fait » Elle a un sens complètement différent.

Et que dire de « c'est de la tarte » ? Cela fait allusion à la facilité. Ça n'a pas rapport avec le fait de faire une tarte, car ce n'est pas facile à faire. Cela se rapporte au fait de manger de la tarte, comme dans l'expression « c'est du gâteau ». Au XIXe siècle, en Amérique, « tarte » signifiait un enjeu facile, un prix obtenu sans avoir fourni un grand effort comme dans l'expression « les chiens, c'est de la tarte pour lui (en parlant du raton-laveur) ». Cette formulation est apparue en 1895 dans le magazine *Outing* et suggère qu'il s'agit de l'ancêtre de l'expression plus récente « facile comme de la tarte ».

> Si tu peux le **rêver,**
> tu **peux le faire.**
> WALT DISNEY

Eh bien, «ça vaut ce que ça vaut» et trouver un sens à tout est un bon exercice mental en plus d'être amusant. Avez-vous déjà eu une «faim de loup»? Avez-vous déjà eu une idée «à la noix»? Vous pensez peut-être «pleurer à tue-tête», que ce paragraphe est bon «à jeter aux oiseaux» ou que dans «mon livre à moi», je ne peux comprendre de quoi il retourne! Et que «ça ne vaut pas un clou» de toute façon. J'avais l'impression d'être «libre comme l'air» jusqu'à ce que je lise cette page. Eh bien, je pense que nous avons «fait le tour» de la question. «Je donnerais un sou pour savoir ce que tu penses.» «Chapeau» à James Roger pour son dictionnaire des clichés.

Lisez. Lisez. Lisez. Lisez à voix haute devant vos petits-enfants, votre partenaire, un ami ou simplement pour vous-même. Prenez-en l'habitude. Comme le dit John Dryden: «Nous prenons des habitudes et ensuite les habitudes nous prennent.» Commencez par dix minutes par jour. C'est amusant.

Écrivez. Écrivez. Écrivez. Écrivez un livre, écrivez une lettre d'amour, écrivez votre journal intime. Écrivez un discours et envoyez-le. Écrire est une des meilleures activités mentales pour sonder vos pensées et améliorer votre mémoire. Selon plusieurs, c'est un art qui se meurt. Alors ranimez-le. C'est libérateur.

Il y en a qui aiment lire, écrire ou compter. Il existe plusieurs genres de casse-tête et de questionnaires. Parmi ceux que nous vous avons présentés, choisissez ceux qui vous plaisent et que vous réussissez. Essayez-les tous et n'abandonnez pas trop vite ceux qui sont plus difficiles. Rappelez-vous, vous n'avez pas à être un génie pour avoir du plaisir et réchauffer vos méninges. L'idée n'est pas de tester votre intelligence mais de réchauffer votre cerveau. Comme l'entraînement physique, si vous commencez par un marathon, vous allez abandonner au milieu de la route et vous ne recommencerez plus jamais. L'idée est de relever le défi et de s'amuser.

Dans le cas de certains exercices, vous devez les effectuer selon une limite de temps. Certains aiment courir contre la montre;

d'autres aiment résoudre les problèmes à tel ou tel moment. Si vous n'aimez pas ce genre de pression, ne faites pas ces exercices. Certains aiment les casse-tête avec beaucoup de symboles et de nombres. Choisissez des jeux différents et ne repoussez pas ceux qui semblent ardus. Pour les énigmes, vous devez prendre le temps d'étudier tous les aspects du sujet. Voici l'exemple d'une histoire comportant une énigme.

Exercice 1: **L'homme dans l'ascenseur**

Un homme vit au dixième étage d'un édifice. Chaque jour, il prend l'ascenseur au premier étage avant d'aller travailler ou faire ses emplettes. Quand il revient, il prend l'ascenseur jusqu'au septième étage et monte les derniers étages à pied jusqu'à son appartement situé au dixième étage. Pourquoi fait-il ça ? (Voir « Questions et réponses », à la page 236).

Remarque à propos des énigmes

Essayez de résoudre les énigmes rapidement. Si vous ne trouvez pas la réponse immédiatement, cela ne reflète pas votre intelligence. Plus vous jouerez, plus ce sera facile et vous comprendrez de mieux en mieux.

Dans ce livre nous évitons d'utiliser le mot « test ». Ce mot évoque les années d'école et le système d'évaluation qui n'était pas toujours très efficace. Mais nous avons fait une exception. Voici un petit test que nous avons préparé juste pour vous.

> Relevez les **défis** et vous connaîtrez l'euphorie de la **victoire**.
> GEORGE S. PATTON

La vie est un test — Vos résultats suivent la courbe.

À 4 ans, le succès, c'est de ne pas uriner dans son pantalon.

À 12 ans, le succès, c'est d'avoir des amis.

À 16 ans, le succès, c'est d'obtenir son permis de conduire.

À 20 ans, le succès, c'est d'avoir une vie sexuelle.

À 35 ans, le succès, c'est d'avoir de l'argent.

À 50 ans, le succès, c'est d'avoir de l'argent.

À 60 ans, le succès, c'est d'avoir une vie sexuelle.

À 70 ans, le succès, c'est d'avoir son permis de conduire.

À 75 ans, le succès, c'est d'avoir des amis.

À 80 ans, le succès, c'est de ne pas uriner dans son pantalon.

Exercice 2 : À l'hôtel

Deux hommes d'affaires ont réservé une chambre à l'hôtel pour une nuit. On leur donne des chambres adjacentes au troisième étage. Au cours de la nuit, M. Smith commence à ronfler. En dépit de la fatigue, M. Jones ne peut dormir. Il téléphone à M. Smith et s'endort immédiatement après avoir raccroché. Pourquoi ? (Voir « Questions et réponses », aux pages 236-237).

> Les seules limites de la vie sont celles que l'on s'impose soi-même.
>
> DR DENIS WAITLEY

Les mots ont de la force. Augmenter votre vocabulaire est un excellent exercice mental si vous choisissez des mots forts. Il ne s'agit pas de quantité mais de qualité.Il existe un grand nombre de livres sur le marché dont le vocabulaire aide à renforcer l'estime de soi, et qui comportent des mots sur les sentiments, la personnalité, le caractère, la racine des mots, d'où ils viennent et où ils vont. Essayez d'apprendre deux mots par semaine. Ça représente 104 mots par année. Vous éprouverez une grande satisfaction. C'est ça, la force des mots. Votre esprit vous en sera reconnaissant.

Savez-vous combien font 111 111 111 X 111 111 111 ?

Cela égale 12 345 678 987 654 321. Comment est-ce possible ?

Savez-vous que :

- Le code international en Antarctique est 672.
- La pleine lune se lève après le coucher du soleil.
- Un pingouin fait l'amour deux fois par année.

- Une libellule vit 24 heures.
- Un groupe de kangourous s'appelle une masse.
- Un groupe de hiboux est un parlement.
- Un groupe de licornes est une bénédiction.
- Un groupe de corbeaux est un carnage.
- Un groupe de policiers est une meute.

Des questions pour stimuler votre cerveau

Gregory Stock a écrit un livre qui peut sembler simple, *The Book of Questions*. Il s'agit de questions comme : « Mangeriez-vous un bol de coquerelles vivantes pour un million de dollars ? » (Eh bien, le feriez-vous ?). « Cesseriez-vous d'écouter la télévision si cela permettait de sauver un millier d'enfants en Inde ? », « Si vous aviez le choix, qui aimeriez-vous inviter à dîner ? Qui aimeriez-vous avoir comme ami ? Et comme amant ? »

Ce n'est pas un livre de questions anodines. Comme le souligne l'auteur, Gregory Stock, il s'agit de questions sur vous, sur vos valeurs, vos convictions, votre vie, l'amour, l'argent, le sexe, l'intégrité, la générosité, la fierté et la mort. Les questions stimulent les débats et les discussions. On ne vous demande pas de répondre par oui ou par non, mais de réfléchir et d'expliquer vos réponses. Stock suggère de se servir des questions comme point de départ et de laisser libre cours à votre imagination. Quelle façon formidable de passer la soirée entre amis ! Vous apprendrez à mieux les connaître, à avoir du plaisir et, mieux encore, à avoir de nouvelles façons de penser.

Réflexions   Réfléchissez aux côtés positifs. Recherchez ce qui est bon dans chaque situation.

Visualisation   Voyez-vous tel que vous voulez être. Décrivez la personne que vous voulez être.

Entourez-vous de gens positifs   Être en compagnie de gens qui dénigrent tout et qui sont négatifs est suffisant pour saboter toute l'énergie positive que vous dégagez.

Étudiez tous les jours   Nourrissez votre esprit avec des livres, des magazines, des disques compacts contenant des messages positifs. Tout comme vous devenez ce que vous lisez, vous êtes ce que vous pensez.

Les jeux réveillent le cerveau   Grâce aux recherches effectuée par la Dr Marian Diamond au cours des années 1980, nous savons que jouer au bridge améliore le système immunitaire. De plus, il existe un grand nombre de jeux de société sur le marché. Ils sont amusants, stimulants et bons pour votre santé.

Promenez-vous dans la nature   Nous avons besoin du tonique de la nature, disait Thoreau, et de patauger parfois dans les marécages où nichent le butor et la poule d'eau, et d'entendre le cri retentissant de la bécassine ; pour humer le vent soufflant à travers les roseaux où de solitaires et sauvages oiseaux font leur nid, et où le vison glisse furtivement ventre contre terre. » Donnez un bain de jouvence à votre âme en passant du temps dans la nature.

Réduisez le stress   Le stress peut entraver l'activité cérébrale. Des parties du cerveau ne fonctionnent tout simplement pas sous l'effet du stress. Il est très important pour nos facultés mentales de faire tout ce qui est possible pour réduire l'anxiété et le stress dans nos vies. Le stress est un poison pour le corps et pour le cerveau. Prenez le temps de vous détendre et de jouer. Le yoga et la méditation calment l'esprit. Assurez-vous d'avoir assez de sommeil et de repos.

Un avenir rempli d'espoir

Nous espérons que ce livre vous a permis d'apprendre que vous avez la force de prendre des décisions positives pour avoir l'esprit en forme. Nous espérons que votre esprit s'est ouvert et que vous allez vous engager dans un mouvement pour la santé mentale. Nous espérons que vous enseignerez aux autres ce que vous avez appris en leur disant que vieillir ne veut pas dire « perdre la carte ». Nous espérons que ce livre vous servira de guide.

> Ce que **tu penses** importe plus que ce que les **autres pensent** de toi.
> SÉNÈQUE

Voici le défi que nous vous lançons : établissez un programme de mise en forme quotidien, hebdomadaire, mensuel et annuel. Modifiez-le au besoin. Mais avant tout, mettez-le en pratique. Faites-vous la promesse de veiller sur votre santé mentale toute votre vie et chaque jour de votre vie. Rendez ça amusant et parlez-en aux autres.

Nous vous demandons de vous faire la promesse suivante. Acceptez votre âge. Il faut accueillir chaque nouvelle année comme un événement marquant, savourer les défis qui s'offrent à vous, goûter à la richesse, à la profondeur et au sens de chaque phase de votre vie, en gardant à l'idée de rester en forme et que cette idée guide vos pas à chaque moment et à chaque heure du jour. Comme l'a écrit Stephen Levine, il faut savourer chaque année « comme s'il s'agissait de la dernière bouchée ».

Nous vous demandons d'être conscient du langage que vous utilisez, de déceler les insinuations négatives qui sont masquées par les mots. Utilisez des mots qui parlent de l'espoir, de ce qui est possible et de ce qui vous rapproche de vos rêves. Afin que l'on reconnaisse que la vie adulte est l'occasion de s'abreuver au puits de la créativité. Pour faire de votre vie une œuvre d'art. Nous vous invitons à adopter une attitude positive dans tout ce que vous faites et dans toutes vos relations pour découvrir la joie qui se cache derrière chaque expérience.

Nous vous demandons de vous promettre de développer une mémoire qui étonnera vos amis et qui frappera l'imagination des êtres qui vous sont chers. Nous vous prions de développer des stratégies pour étudier et vous rappeler des choses qu'il vous importe de savoir afin de ne plus jamais avoir peur de perdre la mémoire. Inscrivez-vous à des cours, commencez quelque chose de nouveau, jouez d'un instrument de musique ou suivez un cours de langue. Choisissez une tribune pour exprimer ce que vous pensez. Fréquentez l'université, un club de lecture, un café ou un salon. Si vous n'en trouvez pas, ouvrez le vôtre. Faites un exercice mental, physique, émotionnel et spirituel chaque jour de votre vie et pour l'avenir. Et votre avenir commence aujourd'hui.

> Le **meilleur**, c'est ce qu'il vous **reste à faire.**
> RALPH WALDO EMERSON

Nous espérons qu'il y a d'autres recherches qui corroborent ce que nous croyons au sujet de vieillir tout en gardant sa vitalité et sa santé. Nous cherchons des résultats qui valorisent le rôle d'apprendre en vieillissant, qui démontrent ce que chacun est capable de faire, à sa façon et selon son propre style, pour continuer à développer son esprit et son âme plus que par le passé. Nous espérons le jour où les gens de tout âge ne s'émerveilleront pas seulement des talents et de la contribution des « plus vieux », car nous ne trouvons pas d'intérêt à pavoiser sur le fait qu'une femme du Royaume-Uni ait reçu un diplôme de Cambridge à l'âge de 105 ans, qu'un homme noir du sud des États-Unis ait appris à lire à 94 ans, qu'un membre des Premières Nations dans les Territoires du Nord-Ouest du Canada ait reçu son diplôme de l'école secondaire en même temps que son petit-fils.

Nous espérons le jour où nous célébrerons les exploits et les succès de tous, peu importe leur âge, parce que nous croyons que tout est possible. Ce jour vient d'arriver.

Comment se porte votre santé mentale?

Évaluez-vous selon une échelle de 1 à 10 (10 est la note la plus élevée).

Auto-évaluation

Retournez à la page 23 et comparez vos résultats. Nous vous suggérons de répéter le test régulièrement. Continuez à viser le 100!

Postface

Ne t'éteins pas devant la douce nuit
L'âge doit brûler et rager à la fin du jour
Rager, rager contre les lueurs mourantes du jour

Lorsque Dylan Thomas écrivit ces strophes vers le milieu du XXᵉ siècle, il s'élevait contre l'ancienne vision romantique et quasi chimérique pour briser les chaînes du désespoir que l'inévitable «crépuscule» nous réservait. Tout ce qu'il pouvait faire était de rager... Un geste héroïque, désespéré, mais en fin de compte une rage inutile. Il était un homme de son temps et ses allégations, tout enflammées qu'elles soient, reflètent les convictions et la sagesse de l'époque.

Un demi-siècle plus tard, Sandra Cusack et Wendy Thompson nous offrent un document de libération, une véritable Magna Carta pour comprendre et profiter de la seconde moitié de notre vie. Leur façon de penser représente un grand changement dans la façon d'envisager le processus de la maturation et de la vieillesse. Basé sur de solides recherches effectuées en laboratoire par Marian Diamond et ses collègues de Berkele, *Pour la santé de l'esprit* présente une période féconde de la vie, marquée par le dynamisme, l'expérience et la souplesse au cours de laquelle les facultés mentales peuvent s'accroître, un rêve que les contemporains de Dylan Thomas n'auraient jamais osé caresser.

Nous assistons à la naissance d'une nouvelle façon d'envisager le temps et pour la plupart d'entre nous, les dernières années de la vie consisteront à franchir le siècle. Soudain les années suivant la retraite (un terme de plus en plus archaïque) deviennent des décennies, et ces décennies fournissent un terrain propice pour commencer ce qu'on appelle une deuxième vie.

Les auteures nous ont donné une carte routière pour entrer dans cette nouvelle ère de notre vie et l'explorer. C'est un livre inspirant, un guide de la plus pure tradition, et qui peut nous servir pour le reste de notre vie. Le fait que nous ayons conscience de pouvoir physiquement changer notre cerveau en changeant d'attitude permet d'aborder la vie avec une nouvelle approche qui consiste à faire l'expérience de découvrir ses talents et de les développer. Les auteures ont réussi admirablement à nous transmettre l'excitation que suscitent ces nouvelles idées ainsi que des méthodes solides pleines de bon sens pour les réaliser.

ARNOLD B. SCHEIBEL
MÉDECIN
LOS ANGELES, CALIFORNIE

Appendice : questions et réponses

Réponses aux colles pour le cerveau, à la page 37 :

1. 116 ans, de 1337 à 1453.
2. L'équateur.
3. Des moutons et des chevaux
4. Novembre. Le calendrier russe débutait treize jours avant le nôtre.
5. De fourrure d'écureuil.
6. Le nom latin était Insularia Canaria - Ile des Chiens.
7. Albert. Lorsqu'il monta sur le trône en 1936, il respecta le voeu de sa grand-mère, la reine Victoria, à savoir, qu'aucun roi ne s'appellerait Albert.
8. Rouge.
9. Nouvelle-Zélande
10. Bah !

Étape 1 : Se fixer des buts

Échauffement

1. 1990 a une année de plus que 1989.
2. Oui.
3. Aucun. Il s'agit de Noé.
4. De la viande.
5. Douze.
6. Le mot-clé est « pouvoir » et la solution est évidente.

7. L'homme était presque rendu à la sortie du tunnel quand il aperçut le train qui arrivait. Donc il devait courir vers le train pour parvenir à la sortie.

8. Un joueur de base-ball.

Étape 2 : La force de penser

Échauffement

L'idée était de retourner la dalle. C'est ce qu'ils firent. Et ils ont découvert que leurs prédécesseurs y avaient pensé avant eux.

Étape 3 : Créativité

Échauffement

Exercice 1 : **Le problème de la rivière**

Indice : L'homme utilise une corde. Mais comment ?

Réponse : Il tend la corde d'un point A au point B comme sur le dessin suivant.

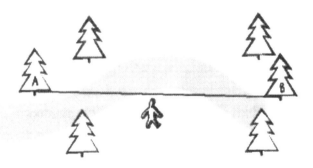

Exercice 2 : **Aveuglé à l'heure du thé**

Indices :   Q : A-t-il été aveuglé par un éclair ou autre chose ?
R : Non.

Q : L'homme était-t-il physiquement normal ?
R : Oui.

Q : A-t-il reçu quelque chose dans l'œil parce qu'il
buvait une tasse de thé ?

R : Oui.

Réponse : Il avait laissé sa cuillère dans la tasse de thé.
Lorsqu'il a soulevé la tasse, le manche de la cuillère
lui a frappé l'œil, l'aveuglant momentanément.

Exercice 3 : **Relier les points d'un seul trait**

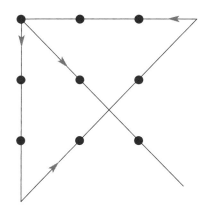

Étape 4 : Attitude optimiste

Exercice 1 : **La fille du meunier**

Indice : Retenez le fait que la fille sait qu'elle pigera une
pierre noire. Si c'est trop obscur, souvenez-vous que
deux résultats négatifs donnent un résultat positif.
Cela devrait vous aider.

Réponse : La solution est de prendre une pierre dans le sac et
de l'échapper sur le sentier. Elle dira alors : « Nous
pouvons deviner la couleur de la pierre que j'ai
pigée en regardant celle qui est dans le sac. Si elle
est noire, j'ai pigé la pierre blanche. »

Ou elle pourrait dire : « Je suis nerveuse. Mes mains tremblent. Pourquoi ne pigez-vous pas une pierre vous-même ? Celle qui reste dans le sac sera la mienne. » S'il pige une pierre noire, elle pourra dire : « Celle qui est dans le sac est sans doute blanche. »

Étape 5 : Apprentissage et mémoire

Exercice 1 : **Réponses**

1. Gland
2. Berlin
3. Casablanca
4. Dalida
5. Élan
6. Fats
7. Idiot
8. Saint-Sylvestre
9. Idaho
10. Lama
11. Mars
12. Nelson
13. Once
14. Perle
15. Reine
16. Renard
17. Scouts
18. Ouragan
19. Souscripteur
20. Ventriloquie
21. Waterloo
22. Bateaux
23. Pierre
24. Eiffel

Évaluez vos résultats :

10-12 assez bon   13-17 bon
18-21 très bon   22-24 excellent

Exercice 2 : **Le voyageur égaré**

Indices : Q : Est-ce que quelqu'un a blessé ou enlevé Billy ?
R : Non.

Q : Est-ce qu'il a perdu son étiquette ?
R : Oui.

Q : Est-ce que Billy était un petit garçon ?
R : Non.

Q : Est-ce que Billy a détruit l'étiquette ?
R : Oui. (Il l'a mangée.)

Réponse :   Petit Bill, comme son nom le suggère, était une chèvre. Elle a mangé son étiquette, alors personne ne savait où elle devait aller.

Exercice 3 : **La météo**

Indices :   Q : Jean était-il un spécialiste de la météo ?
R : Non.

Q : Avait-il un savoir particulier pour prévoir le temps ?
R : Non.

Q : Est-ce que la réponse a trait au temps ?
R : Oui.

Réponse :   Dans 72 heures, il sera minuit, alors il ne fera pas une temps clair et ensoleillé.

Étape 6 : Dire ce que vous pensez

Exercice 1 : **L'homme dans la toile**

Indice :   Il s'agit d'une devinette mais elle crée souvent de la confusion. Si vous êtes embêté, divisez les phrases en trois parties.

• frères et sœurs je n'ai pas

• mais le père de cet homme

• est le fils de mon père.

Relisez à partir de la dernière phrase.

Réponse :   C'est le fils de l'homme qui est dans la toile. « Le fils de mon père » désigne l'homme qui regarde la toile (puisqu'il n'avait ni frères ni sœurs). Alors, « le père de cet homme est le fils de mon père » devient « le père de cet homme, c'est moi ». Donc, l'homme qui est dans la toile est le fils de l'homme qui regarde la toile.

Étape 7 : En forme pour la vie

Exercice 1 : **L'homme dans l'ascenseur**

Indices : Q : Fait-il autre chose que monter les marches entre le septième et le dixième étage ?
R : Non.

Q : S'il y avait quelqu'un d'autre avec lui, sortiraient-ils tous les deux au septième étage pour monter à pied jusqu'au dixième étage ?
R : Non.

Q : S'il habitait au sixième étage, pourrait-il se rendre en ascenseur jusqu'au sixième étage ?
R : Oui.

Q : S'il habitait dans un autre édifice, dans un autre pays, mais au dixième étage, sortirait-il de l'ascenseur au septième étage ?
R : Probablement que oui.

Réponse : L'homme est un nain. Il peut atteindre le bouton de l'ascenseur pour le premier étage mais il ne peut atteindre celui du dixième. Le bouton du septième est le plus haut qu'il puisse atteindre.

Exercice 2 : **À l'hôtel**

Indices : Q : Y avait-il quelque chose dans la chambre de M. Smith qui empêchait M. Jones de dormir ?
R : Oui.

Q : Était-ce un bruit ?
R : Oui.

Q : A-t-il parlé longtemps au téléphone ?
R : Non.

Réponse : M. Jones ne pouvait pas dormir parce que M. Smith ronflait. Son coup de fil a réveillé M. Smith et ce dernier a cessé de ronfler assez longtemps pour que M. Jones s'endorme.

Bibliographie

Les auteurs suivants ont généreusement donné la permission de citer leurs ouvrages :

Developing Critical Thinkers : Challenging Adults to Explore Alternative Ways of hinking and Acting, par Stephen D. Brookfiel. Copyright © 1991 Jossey Bass Wiley. Avec la permission de l'auteur.

The Creative Age : Awakening Human Potential in the Second Half of Life, par Gene D. Cohen. Copyright © 2002 Quill Books, une division de Avon Books. Avec la permission de l'auteur.

Blague, par Ellen DeGeneres, avec la permission de Crazy Monkey Inc. et de Ellen DeGeneres.

Parabole de Maurice Gibbons. Avec la permission de l'auteur.

Mindfulness, par Ellen J. Langer. Copyright © 2989 Ellen J. Langer. Reproduit avec la permission de Perseus Books Group par le Copyright Clearance Center.

Anecdote tirée de « The Late Show with David Letterman », avec la permission de CBS et David Letterman.

Dealing with Memory Changes as We Grow Older, par Gloria Levi et Kathy Gose. Copyright © 1995. Avec la permission des auteures.

The Ageism Survey : First Findings, par Erdman p. Palmore. Copyright © 2001. Avec la permission de l'auteur.